Uchiyama Kôshô

Das Leben meistern durch Zazen

Aus dem Japanischen von Stefan Pierre-Louis

Angkor Verlag

Dank an Muhô, Abt des Antai-ji (antaiji.dogen-zen.de), für hilfreiche Anregungen, und an Tynette von *Buddhadharma* (www.thebuddhadharma.com) für die Erlaubnis, den Takuhatsu-Beitrag verwenden zu dürfen.

Bibliografische Information der Deutschen Bibliothek:
Die Deutsche Bibliothek verzeichnet diese Publikation in der Deutschen Nationalbibliografie; detaillierte bibliografische Daten sind im Internet über http://dnb.ddb.de abrufbar.

Das Leben meistern durch Zazen./Uchiyama, Kôshô. Aus dem Japanischen von Stefan Pierre-Louis. – Frankfurt: Angkor Verlag, 2008.

Titel der Originalausgabe: *Seimei no jitsubutsu*

Rechte dieser Ausgabe bei: Stefan Pierre-Louis, Bad Vilbel und Angkor Verlag, Frankfurt 2008

Der Beitrag "Das Leben als Zen-Bettler" erschien als "Laughter Through the Tears" in © *Buddhadharma* (Spring 2006), übersetzt ins Englische von Daitsu Tom Wright und Jisho Warner. Er wurde gekürzt ins Deutsche übertragen von Melanie Lieberknecht und Guido Keller.

Die Zeichnungen stammen von Uchiyama Rôshi.

Website: www.angkor-verlag.de
Kontakt: webmaster@angkor-verlag.de
Herstellung: Books on Demand GmbH, Norderstedt

ISBN: 978-3-936018-56-1

Inhalt

Vorwort zur Original-Ausgabe

Man kann sagen, dass es dem durchschnittlichen Japaner absolut schleierhaft ist, wieso die in ihrer westlichen Kultur so festgefahrenen, abendländischen Menschen gegenwärtig so viel Hoffnung in den Buddhismus und insbesondere in den Zen setzen.

Auf die Bitte der Sôtô-Zen Organisationszentrale hin, habe ich bereits 1967 einen kleine Schrift mit dem Titel „*Zazen und Gegenwartskultur*" geschrieben, um Ausländern Zazen vorzustellen. Diese kleine Schrift ist mittlerweile eine Art zukunftsträchtiger Vorbote geworden, denn nicht nur hat etwa Suzuki Shunryû Rôshi in San Fransisco ein Zen-Zentrum eröffnet, sondern auch die Zahl der Ausländer, die in den letzten Jahren in unseren kleinen Tempel Antai-ji gekommen sind, um Zen zu erlernen, übersteigt wohl schon einige Hundert. Mindestens zwanzig Ausländer haben sich derzeit nur deshalb hier in der Umgebung niedergelassen, um regelmäßig zum Zazen nach Antai-ji kommen zu können, und sie nehmen täglich morgens und abends eifrig am Zazen und jeden Monat an den beiden *Sesshin*[*] teil.

Letzten Winter habe ich extra für sie eine Vorlesungsreihe zu den Mahâyâna-Schriften und diesen Winter eine zum *Shôbôgenzô*[**] gehalten, bei denen sie mit einer Aufmerksamkeit zugehört haben, die man unter Japanern nicht würde finden können. Da ich aber leider nur im Winter Zeit habe und ihnen eigentlich gerne noch mehr Orientierungshilfe im Buddhismus und Zen gäbe, fände ich es schade, wenn sich dies nicht irgendwie machen lassen sollte. Weil ich außerdem bis zur Niederschrift des oben erwähnten „*Zazen und Gegenwartskultur*" so gut wie keinen Kontakt mit Ausländern hatte, habe ich damals eine recht einseitige Einführung in den Zazen

---

[*] Intensive, mehrtägige Meditationsperiode.
[**] Hauptwerk der Sôtô-Zen-Schule, verfasst von Eihei Dôgen im 13. Jh.

4

geschrieben, ohne ihre Gefühle dabei hinreichend zu verstehen. Nachdem ich ihre Stimmungen und Emotionen mittlerweile ein wenig besser nachzuvollziehen vermag, wollte ich es wagen, etwas Neues zu schreiben, das außerdem auch mein freundschaftliches Gefühl zu ihnen zu transportieren vermag. So ist also dieses Buch entstanden.

Nun ist es ja so, dass Japaner die zahlreichen buddhistischen Schriften leicht lesen können, wenn sie nur den Willen dazu aufbringen. Möglicherweise begreifen sie dabei auch, wie Zazen als *wirklicher Buddhismus* zu verstehen ist. Ausländer dagegen kann man nicht einfach die japanischen und chinesischen Texte lesen lassen. Selbst wenn sie noch so guten Willens wären und viele der Schriften durcharbeiteten, halte ich es gegenwärtig doch noch für beinahe ausgeschlossen, dass ihnen dabei das *buddhistische* Ziel des Zazen verständlich würde. Deshalb sehe ich es als meine Aufgabe als Japaner, ein Buch zu schreiben, welches ihnen das Ziel des Zazen im Kontext des Buddhismus vorstellt.

Wenn man es genauer bedenkt, ist dies ja nichts, was nur die Menschen aus dem Abendland angeht. Wissen denn die heutigen Japaner so viel besser als die Menschen aus dem Westen, was der Buddhismus wirklich ist?

Genau genommen muss man sagen, dass die heutige japanische Gesellschaft ein sehr sonderbares Verhältnis zum Buddhismus hat. Gemeinhin wird niemals in Frage gestellt, dass Japan in der Vergangenheit ein buddhistisches Land gewesen ist. Tatsächlich hat es in der japanischen Geschichte unglaublich viele Ereignisse gegeben, die mit dem Buddhismus in Zusammenhang standen, und gleichzeitig sind auch jetzt noch zahllose Kulturschätze (Sûtraschriften, Kunst- und Bauwerke etc.) erhalten, die im Namen des Buddhismus entstanden sind. Außerdem sind die traditionellen Konventionen von Begräbnissen und Gebeten buddhistischen Ursprungs bis heute weit verbreitet. Aber was haben diese

Dinge eigentlich mit dem Buddhismus als einer wirklichen Religion zu tun?

Vom Standpunkt des Buddhismus im Sinne einer das Leben leitenden Religion muss man wohl sagen: fast gar nichts. Fragen Sie nur einmal diejenigen, die sich selbst als Buddhisten bezeichnen, was für eine Religion der Buddhismus ist. Es gibt fast niemanden, der dies wird beantworten können. Mit anderen Worten wissen auch die Japaner quasi nichts über den Buddhismus und haben selber keinerlei Bezug zu einem buddhistisch-religiösen Leben.

Freilich ist es eine Tatsache, dass der Buddhismus in der japanischen Vergangenheit in einer Handvoll Ausgewählter nachhaltig gewirkt hat. Nur deshalb ist der Buddhismus überhaupt bis heute überliefert worden. Aber es ist ebenso klar, dass entgegen der landläufigen Meinung der heutigen Japaner der wahre Buddhismus nicht ein einziges Mal so weit in der gesamten japanischen Gesellschaft verbreitet gewesen ist, dass Japan einmal ein buddhistisches Land war. Eher kann man wohl behaupten, dass die Gesamtheit der Japaner jene Dinge, die mit dem Kern des Buddhismus nur wenig zu tun haben, ziemlich übertrieben hat und damit an der Vollendung des wahren Buddhismus unbemerkt vorbeigegangen ist.

Nichtsdestoweniger halte ich es für ein Problem, wenn Japaner heute meinen, für sie sei der Buddhismus eine Religion der Vergangenheit. Seit der Meiji-Zeit (1868–1912) haben die Japaner sich einseitig zur westlichen Kultur hin entwickelt, und wir sehen heute, wie die ganze japanische Gesellschaft sich in diese Sackgasse verrannt hat. Gerade deshalb sollte der Buddhismus für alle Japaner, ebenso wie für die Abendländer, in Wirklichkeit eine Sache der Zukunft sein, und ich denke, die gesamte japanische Gesellschaft muss den Buddhismus heute unbedingt noch einmal ganz neu in Augenschein nehmen.

Wenn ich jetzt solche Dinge äußere, hört mir von den

Japanern sowieso fast niemand zu. Ich glaube, wenn die japanische Gesellschaft – statt zu glauben, der Buddhismus sei eine Sache der Vergangenheit – erst feststellt, dass der Buddhismus vielmehr eine Sache der Zukunft ist und sodann beginnt, den wahren Buddhismus jenseits von Schulen und Sekten zu suchen, wird der Buddhismus im Abendland bereits sehr beliebt sein und somit der Wind gewissermaßen von der anderen Seite her wehen. Da Japaner sich aber im Großen und Ganzen nicht besonders bemühen, selbstreflexiv zu sein, werden sie, wenn der Wind dann von jener anderen Seite her weht, unter Freudentränen niederknien und Dankbarkeit zeigen. Jedenfalls kann ich es mir angesichts des japanischen Volkscharakters und der Trends der Gegenwart nicht anders vorstellen. Gerade deswegen musste ich dieses Buch zur Einführung in den Buddhismus zuerst für jene andere Seite schreiben.

Als Japaner und gerade wenn man die Japaner von ganzem Herzen liebt, muss man mit giftiger Zunge reden. Aber natürlich fokussiert das oben Gesagte die allgemeinen Tendenzen in der gegenwärtigen Gesellschaft Japans. Wenn wir jeder für uns Begriffe wie *Selbstreflexion, Aufbruch vom Selbst, ein eigenes Leben* etc. eingehend betrachten, müssen wir zweifellos erkennen, dass der wahre Buddhismus keine Sache der Vergangenheit ist, sondern etwas, was gerade für das heutige Selbst bedeutsam ist. Deshalb bitte ich auch die Japaner, ihre Vorurteile aufzugeben und dieses Buch zu lesen. Denn in Wirklichkeit ist die Haltung des wahren buddhistischen Weges für jeden gleich: Genau dieses Selbst zu erkennen und von diesem Selbst aus aufzubrechen.

März 1971

1. Die Bedeutung des Zazen

1.1. Die ins Zuckerfass gefallene Ameise

Eines Tages bekam ich Besuch von einem etwa fünfzigjährigen Firmenchef, einem Amerikaner jüdischer Abstammung. Und obwohl ich jemand bin, der außer in Japanisch in keiner Sprache etwas zu sagen vermag, konnten wir uns sehr gut verständigen, weil er zusammen mit einem Japaner gekommen war, der hervorragend zu übersetzen vermochte.

Die erste Frage, die er mir damals stellte, war: „Obwohl ich wirtschaftlich unter keinerlei Einschränkungen leide und auch familiär keine Probleme habe, empfinde ich seit etwa zehn Jahren irgendwie eine Art Mangel in meinem eigenen Leben. Und so habe ich zuerst das Judentum studiert; aber das konnte mich nicht genügend befriedigen. Danach habe ich mich ernsthaft mit dem Christentum beschäftigt, aber auch das konnte mich nicht recht zufriedenstellen. Dann habe ich vor einigen Jahren zum ersten Mal von Zen gehört. Ich begann mich zu fragen, ob wohl der Buddhismus und insbesondere der Zen mich zu erfüllen vermöchte und habe mich seitdem mit diesem beschäftigt. Und um Zen noch gründlicher studieren zu können, bin ich jetzt eigens nach Japan gekommen.

Was denken Sie, warum ich in meinem Leben einen solchen Mangel empfinde?"

Gegenüber dieser ehrlichen Frage erwiderte ich: „Ist es nicht so, dass Sie einen Mangel empfinden, weil Sie versuchen, den Wert, die Basis und die Bestätigung Ihrer eigenen Existenz außerhalb Ihrer selbst, wie zum Beispiel in Besitz, in Ihrer Arbeit und in den Werten anderer zu finden und darin Ihre eigene Wirklichkeit nicht entdecken? Anders gesagt vermute ich, dass Ihnen etwas in Ihrem eigenen Leben fehlt, weil Sie immer nur im Verhältnis zu anderen leben, weil Sie nie wirklich sich selber leben."

Diese einfache Antwort meinerseits hatte, wie ein Pfeil, genau seine Stimmung getroffen. Beeindruckt stimmte er zu: „Ja, es ist genau, wie Sie sagen. So gesehen lebe ich mein tägliches Leben von morgens bis abends nur in Bezug auf andere. Gerade darum fühle ich, dass in meinem Leben etwas fehlt."

Da er, ohne auch nur im Geringsten zu zögern, so bestätigend antwortete, sah ich keine Notwendigkeit, noch weitere Erklärungen anzufügen. Er aber fuhr fort, mir Fragen zu stellen: „Aber, was kann ich denn tun?"

Ich erwiderte: „Um die Unsicherheit des Selbstbewusstseins aufzulösen, kann man nicht bei anderen suchen gehen. Nur die *Wirklichkeit des Selbst leben* und *die Realität des Selbst leben* ist hier wichtig. Und im Zazen *lebt* das Selbst *die Wirklichkeit des Selbst*. Mein Lehrer, Sawaki Kôdô Rôshi (1880–1965) sagte für gewöhnlich: ‚Zazen ist, wenn das Selbst das Selbst zum Selbst macht.'"

Auch auf diese schlichte Antwort nickte er wieder, als ob er zustimme, und er sagte: „Ich habe mir ja auch gedacht, dass Zazen so zu verstehen ist. Bitte, lassen Sie mich hier am Zazen teilnehmen."

Die Antworten auf seine beiden Fragen stellen eigentlich nicht meine ureigene Meinung dar, sondern ich habe vielmehr nur die Worte, die seit alters in den buddhistischen Schriften überliefert worden sind, an ihn weitergegeben. Sie finden sich etwa in der ältesten urbuddhistischen Schrift *Sutta-Nipâta*: „Wer von anderen abhängt, ist unstet", bzw. im ebenso alten *Dhammapada:* „Was vom Selbst abhängt, sei nur das Selbst."

Da es nun aber selten ist, dass jemand die beiden von mir zitierten Quellentexte, diese völlig einfachen und doch wichtigen Worte, so unmittelbar annehmen kann wie dieser ehrliche und direkte Mensch, habe ich es gewagt, unseren Dialog hier vorzustellen. Dass er diese beiden so überaus bedeutenden buddhistischen Textstellen so leicht in sein

Inneres aufzunehmen imstande war, kann wohl nur deshalb geschehen sein, weil ihr Sinn bereits als seine eigene Stimmung in ihm gereift war.

In den meisten Fällen sind jedoch wohl noch viele Erklärungen notwendig, um diese beiden Zitate verstehbar zu machen. Deshalb möchte ich fürs erste meine kleine Erzählung abschließen und im Folgenden versuchen, diese Erklärungen zu geben.

Warum eigentlich fühlen sich die heutzutage mit Wohlstand und auch sonst allem Erdenklichen gesegneten Amerikaner so, als würde Ihnen etwas fehlen? Ich habe hier zwar einen Amerikaner als Beispiel angegeben, aber es kommen viele solche Menschen, deren Leben sich leer anfühlt und die Halt im Zen suchen, aus den reichen Ländern (wie England, Frankreich, Deutschland, Schweiz, Kanada und Australien) ins ärmere Japan und hier auch noch in den nun wirklich armen Tempel Antai-ji. Man könnte als Japaner schon der Meinung sein, dass dies seltsam ist.

In den letzten Jahren hatte ich jedenfalls viel Gelegenheit, mit diesen Menschen in Berührung zu kommen und habe deshalb ein wenig zu begreifen begonnen, warum das so ist und um welche Seelenverfassungen es sich dabei handelt. Wenn ich eine Metapher benutzen darf, kann man die Menschen der entwickelten Länder des Westens heute wohl treffend als *in eine Zuckerdose gefallene Ameise* bezeichnen.

Versuchen Sie einmal, sich eine Ameise vorzustellen, die in eine Zuckerdose hineingefallen ist. Zum Platzen vollgefressen, ist alles, was sie um sich sieht und hört – die gesamte sie umgebende Welt –, nur die Einfarbigkeit des Zuckers.

Ist es nicht völlig klar, dass ein Mensch da das Gefühl entwickelt, dass ihm etwas fehlt? Darum bleibt ihm schließlich in der Zuckerdose wohl keine andere Möglichkeit, als entweder Selbstmord zu begehen oder sich mit LSD, Marihuana oder dergleichen einem selbstbefriedigenden Rausch hinzugeben.

Wenn man übrigens als Japaner so weit geht, diese Karikatur des westlichen Menschen zu zeichnen, geht es natürlich nicht an, sich nicht auch Gedanken darüber zu machen, wie es denn um die gegenwärtige Lage der japanischen Gesellschaft steht. Versuchte man, den heutigen Japaner in dieser Karikatur unterzubringen, könnte man ihn wohl derzeit am besten charakterisieren, wie er außerhalb der Zuckerdose mit aller Kraft den Spuren des herausgefallenen Zuckers nachläuft, wobei er denkt: „Wenn ich bloß auch wie die westlichen Menschen in die Zuckerdose hinein könnte ...“

So sehe ich die Gestalt des heutigen japanischen Menschen, der zwar von der ganzen Welt etwas abfällig *Arbeitstier* genannt wird, dies aber in seiner Absicht, endlich zu einer bedeutenden Wirtschaftsmacht zu werden, sogar gerne hört.

Wenn man der Karikatur von der Zuckerdose noch ein weiteres Element hinzuzuzeichnen versuchte, könnte man wohl sagen, dass die Schwarzen im heutigen Amerika quasi von außen durch das Glas die vom Zucker fett gewordenen Weißen sehen, mit den Füßen auf den Boden stampfen und rufen: „Lass mich auch lecken!“

In einer solchen Karikatur ist wohl die Ameise, die am besten gestellt ist, diejenige, die in die Zuckerdose hineingefallen ist. Danach die, die versucht hineinzukommen, nicht wahr? Am bedauernswertesten ist wohl die Ameise, die draußen steht und nur rufen und mit den Füßen stampfen kann.

Falls Sie aber so denken sollten, dann muss ich Ihnen sagen, dass Sie ausschließlich mit dem Maß des *Arbeitstieres* messen. Vom Standpunkt eines echten, ehrlichen Menschseins besehen muss man dagegen sagen, dass alle drei oben karikierten Seinsarten nichts als furchtbar langweilige Arten zu leben sind. Damit meine ich, dass alle drei Lebensweisen grundsätzlich (wie vorher angesprochen) ein Leben ausschließlich in Bezug auf andere sind, dass darin das wahre Selbst fast vollkommen fehlt und dass sie deswegen kein *Leben des wahren Selbst* sind.

Dieser Schlussfolgerung muss man wohl noch einige Erklärungen hinzufügen. Deshalb wollen wir unsere Betrachtungen beginnen, indem wir uns fragen, an welchem Punkt eigentlich das *Ich* (das alltägliche Ich) ins Spiel kommt?

1.2. Wer von anderen abhängig ist, ist unstet

Was ist das normale *Ich* eigentlich?

Nun, es kann als etwas gedacht werden, das sich nur in der Begegnung, nur gegenüber anderen abzuzeichnen beginnt.

Wenn wir hier einen Mann als Beispiel nähmen, so würde dieser seiner Frau gegenüber die Kategorie *Ehemann* als *Ich* setzen, seinem Kind gegenüber jedoch die Kategorie *Vater*. Gegenüber den Hochgestellten der Gesellschaft würde er sich als *untere Schicht* und gegenüber einem talentierten Kollegen als *untalentiert* bezeichnen. Für einen Kunden würde er *Verkäufer,* für den Berufsgenossen *Partner,* für den Reichen *arm* sein*,* gegenüber tollen Dingen stünden *Dinge, die ich nicht kaufen kann,* gegen den Gewinner wäre er der *Verlierer* und gegenüber der Gesellschaft *der, der keine Macht hat.*

Es wäre nicht verwunderlich, wenn dieser Mann durch einen Minderwertigkeitskomplex neurotisch würde, da er ausschließlich solche Begriffe über sich selbst im Bewusstsein hätte.

Wie wäre es aber, wenn er zwar sein Selbstbewusstsein durch den Vergleich mit anderen solchermaßen bis zum Minderwertigkeitskomplex abgewertet hätte, jedoch nicht bloß vor Neid und Groll schimpfte (wie das Wirtschaftstier Japan in unserer vorstehenden Parabel), sondern sich vielmehr auf einer weiteren Ebene sagte: „Okay, ich strenge mich jetzt an dazuzulernen, und alles andere, wie Geld, Status, Fertigkeiten, Ruf etc., werde ich vielleicht irgendwann einmal verfolgen und erreichen oder gar überschreiten ..." – und wenn er so doch mit einem positiven Selbstbewusstsein lebte?

Oder wenn jemand, der ein geringes Selbstbewusstsein hat,

umgekehrt auf eine Position klarer Überlegenheit gestellt würde?

Dies sind Beispiele wirklichen Minderwertigkeitsgefühls, eines gänzlich anderen, positiven Denkens oder einfach einer Betrachtung von der entgegengesetzten Seite her.

Auf einer grundsätzlichen Ebene besteht hier allerdings kein Unterschied im Verhältnis zu anderen, weil das von außen regulierte Ich – was den Punkt der Selbsteinschätzung angeht – jeweils die gleiche Position einnimmt.

Anders gesagt: Es besteht wohl kein Zweifel daran, dass wir normalerweise ein Leben führen, in dem wir unserer selbst dadurch bewusst werden, dass wir in der dargestellten Weise im Kontakt zu anderen von außen reguliert werden. Wenn wir aber deshalb denken, dass nur dies unser Selbst sei, und wenn wir somit quasi nur in Bezug auf andere leben, dann muss man wohl sagen, dass in allen drei oben genannten Beispielen *das Selbst* als *die Realität des Seins* verpasst wird.

In *Émile* schreibt Rousseau genau dies: „Jeder Mensch, ob König, Edelmann oder Besitzender, kommt bei seiner Geburt nackt und arm auf die Welt und geht in der Stunde des Todes auch wieder nackt und arm von dannen."

Dies ist zwar eine klare Tatsache, heißt aber noch nicht, dass man auch zwischen Geburt und Tod nackt sein solle. Wir Menschen werden nackt geboren und sterben nackt, aber für die Zeit zwischendurch tragen wir doch unsere jeweils eigene *Kleidung.*

Gibt es nicht Menschen, die die luxuriösen Gewänder einer Königin tragen und solche, die sich ihr ganzes Leben armselige Lumpen überwerfen müssen, solche, die eine Uniform anhaben und solche in Sträflingskleidern, und gibt es nicht auch welche in Priesterkutten? Weiter existieren Reiche, Konzernchefs, Parlamentarier, Adelige usw., die mit ihrem Reichtum, ihrer Stellung und ihrem Ruf oder Rang nur *bekleidet* sind, weil es eine Zeit gibt, zu der sie wieder nackt werden, wo ihnen ihr

Reichtum, ihre Stellung, ihr Ruf oder Rang wieder genommen werden.

Dann gibt es noch die Kleidung der Schönheit und des Genies, nicht wahr? Aber auch für eine noch so schöne Frau kommt schließlich die Zeit, wo sie die Kleider einer alten Oma wird tragen müssen, und auch das Genie muss irgendwann einmal die Kleider eines klapprigen Alten anziehen.

So gesehen existieren nicht nur *Kleider* wie Glück und Unglück, Minderwertigkeitsgefühl und Überheblichkeit, sondern auch solche wie „Ismen", Philosophien, wie Volk oder Rasse. Bei den „Ismen" und Philosophien existiert dabei noch so etwas wie die Möglichkeit einer Bekehrung, aber in der Stunde des Todes wird sogar *Rasse* und *Volk* wieder abgelegt, so dass man schließlich als bloßes reines Selbst dahingeht.

Obwohl dies alles also Kleidungsstücke sind, die wir nur für das kurze Weilchen anhaben, das zwischen der nackten Geburt und dem nackten Tode liegt, wenden die allermeisten Menschen bloß auf diese ihr Augenmerk und leben ausschließlich in der Fragestellung, welch gutes Kleid sie etwa tragen könnten. Dabei müsste man sich doch vielmehr daran erinnern, dass das *Selbst als Realität des Seins* gerade das *nackte Selbst* ist.

Außerdem ist auch das, was ich vorher die Fremdbestimmtheit im Kontakt mit anderen genannt habe, nichts anderes als diese *Kleider*. Jedenfalls leben wir in unserer ganzen Existenz in Wahrheit nicht die *Realität unseres wirklichen Selbst,* sondern nur das *im Kontakt mit anderen fremdregulierte Selbst,* bzw. in unserer Metapher: *die vergänglichen Kleider des Lebens.*

So sehen also Menschen sowohl im erwähnten Beispiel eines Minderwertigkeitskomplexes als im Beispiel eines brennenden Konkurrenzgefühls, aber auch im Falle von Überheblichkeit letztlich auf gleiche Weise in ihrem Leben nur eine große Leere, und es ist daher nicht verwunderlich, sondern vielmehr selbstverständlich, wenn sie Gefühle des Mangels entwickeln. *Wer von anderen abhängig ist, ist unstet* und in diesem Falle: bis *nur das Selbst das Selbst ist* bzw. bis nur *das Selbst als die Realität des Seins lebt*, kann man wirklichen Frieden nicht erlangen.

1.3. Nur jetzt sein

Zazen zu üben bedeutet nicht, ein fremdreguliertes Selbst bzw. ein *Kleider-Selbst*, sondern *das Selbst als Realität des Seins* zu leben. Das ist es!

Wenn wir von einem Eintreten in die Welt des Zen sprechen, dann ist damit mehr als alles andere gemeint, in eine Welt der Askese einzutreten, die *die Realität des Seins* lebt. Obwohl eigentlich klar sein sollte, dass *Welt der Askese* bedeutet, *die Realität des Seins zu leben*, ist dies trotzdem ein in unserem Alltag ungebräuchlicher Begriff geworden, da wir einer Welt angehören, deren westliche Wissenschaft ihn so gut wie nie verwendet.

Wie bereits gesagt, leben wir für gewöhnlich nur mit einem Ich, welches sich in seiner Beziehung zur Welt, in seiner äußeren Erscheinung und in weltlichen Werten definiert. Das heißt, den Wert unserer Existenz, deren Basis und deren Bewusstsein finden wir nur zwischen anderen, so dass wir uns mit einem derartigen Begriff vom *Selbst* unter wirklicher Selbstbemeisterung etwas ganz Falsches vorstellen.

Demgegenüber lenkt die westliche Wissenschaft noch einmal in einem ganz anderen Sinne von der *Realität des Seins* ab. Und zwar deshalb, weil die im antiken Griechenland wurzelnde westliche Wissenschaft zu sehr daran gewöhnt ist, alles Sein mit den Mitteln der Logik (Worten) erfassen zu wollen. Was dabei aber die Gesetze der Logik wirklich zu erfassen vermögen und wie dies im Verhältnis zu anderen Dingen steht, ist wiederum durch die Logik bestimmt. Und da die westliche Wissenschaft ganz auf diese Methode gegründet ist, versucht sie sogar Dinge wie das *Selbst* oder die *Existenz* mit diesem Paradigma zu erfassen.

Was hier wichtig ist: Die Kraft, die alles auf diese Weise ordnet und versteht, ist eigentlich die Kraft der Existenz des *Selbst*, so dass die Existenz des Selbst nicht erst mit diesem Ordnen beginnt, sondern vielmehr schon lebt und Seinserfahrungen hat, wenn noch nichts geordnet und verstanden worden ist. Dies sollte zwar eine Selbstverständlichkeit sein, doch wenn man von der Denkweise der westlichen Rationalität aus an die Sache herangeht, scheint dies eben nicht so einfach zu sein. Wird nicht das, was je nach philosophischer Richtung *vor* dem Ordnen real war, im Denken selber zur Ordnung, so dass folglich das, was vor der Ordnung war, vergeht? Deshalb denkt man schließlich, dass (nur) die Ordnung die Realität sei.

Demgegenüber ist im frühen Buddhismus des alten Indien die Vorstellung, dass die Realität der Existenz jenseits aller Ordnung liegt, zu einer zentralen Grundlage geworden.

Da Existenz etwas Geschaffenes ist, ist sie in Wirklichkeit – bei welcher Ordnung auch immer – nicht eigentlich in diese Ordnung eingebunden, sondern *ist* die Realität des Seins. Welche Ordnung man also auch aufstellen mag: die Realität der Existenz *ist* jenseits aller Ordnung.

Weshalb hat nun der frühe Buddhismus in Indien die Annahme vertreten, es gebe eine Realität jenseits von Ordnung? Nun, wenn wir mit realem Feuer in Berührung kommen, ziehen wir uns Verbrennungen zu. Wenn wir bloß an Feuer denken, verbrennt unser Kopf deshalb nicht. Oder: Wenn wir „Feuer, Feuer" rufen, bekommen wir keine verbrannte Zunge. So ist die Idee des alles verbrennenden Feuers nicht an sich schon die Realität des Feuers, denn die Realität des Feuers existiert jenseits der Idee von Feuer.

In den Unterweisungen für die Zen-Priesterschaft gibt es eine

Redensart, die besagt: „Ob kalt, ob heiß, beides kennt man erst durch eigene Erfahrung". Damit ist gemeint, dass man schlichtweg alles als Lebenserfahrung der Existenz des Selbst sieht, während im Sinne der westlichen Wissenschaft die Lebenserfahrung des Selbst zugunsten der bloßen Beobachtung, der Erzählung von anderen und der Idee der Dinge annulliert wird. An diesem Punkt gibt es zwar in der gegenwärtigen Existenzphilosophie die Idee einer grundlegenden Existenz, aber man kann wohl sagen, dass der Unterschied zwischen Zen und der Existenzphilosophie darin besteht, dass letztere die Existenz des Selbst keiner Praxis unterzieht. Es ist also für das Selbst wichtig, dass es die lebende Praxis der reinen Existenz des Selbst *ist* und nicht die bloße Erzählung einer beobachteten allgemeinen Existenz.

Wenn man in diesem Punkt von der westlichen Denkart ausgeht, alle Dinge seien mit Hilfe des Logos zu ordnen, muss man sagen, dass eine Realität jenseits dieser Ordnung Unsinn und unmöglich ist. Vom Praktizieren aus gesprochen ist aber gerade die Kraft jenseits der Ordnung des Logos die Realität des Seins.

Daisetsu Suzuki hat stets eine *japanische Spiritualität* betont, und wenn man (im Zazen) die Realität des Seins praktiziert, die ausdrücklich das westliche rationalistische Denken überschreitet, dann eröffnet sich die Welt dieser japanischen Spiritualität.

Übrigens kann man diese das Wort und das Denken überschreitende Realität des Seins natürlich kaum gedanklich fassen oder in Worten mitteilen.

Muss das auch heißen, dass sie irgendwo im Rätselhaften und Mystischen verborgen wäre? Nein gewiss nicht, da wir in Wahrheit permanent die Realität des Seins *leben*.

Betrachten wir dies zuerst an unserem eigenen Herzen.

Der Schlag meines Herzens funktioniert nicht, weil ich das will und auch nicht aufgrund physiologisch-medizinischer

Klassifikationen, die man aufstellen mag, sondern aus einer Kraft jenseits dieser Ordnungen des Logos heraus. Obwohl diese nur innerhalb meiner selbst funktioniert, würde ich nicht so weit gehen zu sagen, dies *sei* nun meine Realität des Seins.

Oder nehmen wir die Atmung, die arbeitet, ohne auch nur eine Minute zu pausieren. Hier kann ich mir wohl vornehmen, bewusst zwei oder drei tiefe Atemzüge zu nehmen, aber die gewöhnliche pausenlose, auch im Schlaf nicht eine Minute aussetzende Atmung ist dennoch etwas, das ich nicht bewusst steuern könnte. Und so gibt es selbst unter den Neurotikern, die sich sonst alles Mögliche zu Herzen nehmen, wohl niemanden, der aus Angst, des Nachts könne plötzlich sein Atem aussetzen, nicht schlafen kann. Vielmehr schlafen wir, indem wir unsere Atmung einer Kraft jenseits unseres Einflusses überlassen. So gesehen ist dies also, obwohl es nicht im Rahmen unserer Macht liegt und nur in unserem Inneren geschieht, als ein Wirken der *Realität unseres Seins* zu bezeichnen. Es ist sozusagen die Realität des physiologischen Seins.

Einen Schritt weitergehend lässt sich sagen, dass ich als Japaner, Sie aber als Weißer geboren sind, und auch dies unterlag nicht der freien Wahl unseres Ichs, sondern *ist* vielmehr in Wahrheit die den Rahmen und die Kraft unseres Ichs transzendierende *Realität des Seins*. Weiterhin führe ich zwar jetzt als buddhistischer Priester in einem Tempel in Kioto ein Leben der Zazen-Praxis, aber ist diese Lebensart wirklich ein Weg, den ich aus eigener Kraft ausgewählt habe?

Gewiss habe ich diesen Lebensweg selbst gewählt, aber woher habe ich die Kraft zu einer solchen Wahl bekommen? Man fragt sich, ob es nun Zufall, Schicksal oder Gottesfügung war. Auf jeden Fall muss ich an diesem Punkt erkennen, dass es eine große Kraft gibt, die mein eigenes Denken und meine Vorstellung übersteigt und die mich leben lässt.

Welche Lösung wir in diesem Beispiel mit unserem Verstand auch produzieren mögen, sie wird doch nur eine Abstraktion und ein einseitiger Gedanke sein, so dass wir schließlich über die *Realität des Seins* nichts anderes werden sagen können als: „Nur jetzt sein".

So ist es! Die Realität der Existenz des Selbst ist *Nur-jetzt-sein*. Und dieses Selbst *ist* nicht etwa, weil ich denke oder weil ich nicht denke, sondern einfach, weil es mein Leben ist, ob ich nun denke oder nicht.

Deshalb ist Zazen das Praktizieren der *Realität des Seins*.

1.4. Was es heißt, die Realität des Seins zu leben

Wo wir gesagt haben, *Nur-jetzt-sein* sei die Realität des Seins und Zazen die Praxis dieser Realität des Seins, stellt sich die Frage, ob es überhaupt etwas gibt, das außerhalb der Realität des *Nur-jetzt-seins* liegt? Das heißt, ob es etwas gibt, das außerhalb der *Realität* liegt?

Wenn man so grundsätzlich fragt, *ist* natürlich unser aller Leben, auch unabhängig von der Lebensart, die Realität des Seins und es kann eigentlich nichts geben, das außerhalb der Realität des Seins steht; wir leben die Realität des Seins, egal wozu wir uns bekennen.

Aber nichtsdestoweniger kann man die Realität des Seins aus den Augen verlieren und gerade das ist es, was das Leid und die Plage der Menschen entstehen lässt.

Ich möchte ein Beispiel geben. Vor kurzem kam eine etwa vierzigjährige Frau zu mir. Als ich sie traf, hatte sie ein vollkommen verweintes Gesicht. Als ich nach ihrer Geschichte fragte, erzählte sie mir, dass sie seit ihren Kindertagen Malerei über alles geliebt und auch Talent besessen habe und so mit etwa zwanzig Jahren ihren Traum verwirklichte und mit der Unterstützung ihrer Eltern nach Tokio gegangen war, um Malerin zu werden. Zu dieser Zeit gelangten ihre Bilder vielerorts zur Ausstellung, sie erntete Anerkennung und wurde von den Kritikern als junge, hübsche Malerin zur Kenntnis genommen.

Dennoch taten sich alsbald Risse in ihrer strahlenden Zukunft auf. Denn während einige Jahre lang ihre Bilder gut bekannt waren und sie dies aufwärts zu führen begann, verlor ihr Vater plötzlich all seinen Besitz. Während sie noch danach fieberte, dass eins ihrer Bilder sie wirklich als Malerin etablieren würde, kehrte sie aus Sorge um ihre verzweifelten Eltern nach Hause zurück und setzte, im Angesicht der Not, ihre ganze Kraft dort ein. So vergingen die Jahre und ihre Eltern wurden alt.

Natürlich stand dieses Versauern auf dem Lande ihrer Malerei entgegen, so dass sie in ihrer Leidenschaftlichkeit schließlich beschloss, wie schon einmal Jahre zuvor, nach Tokio zu gehen und sich, nebenbei jobbend, wieder der Malerei hinzugeben. Und so kam sie denn, nachdem sie ihre alt gewordenen Eltern einer Pflege übergeben hatte, wieder nach Tokio und verbrachte dort mehrere anstrengende Jahre, in denen sie über Tag arbeitete und abends malte. Diesmal wurde sie allerdings nicht mehr von jedermann beachtet. Ihre Bilder wurden nicht ausgestellt und geehrt und da sie sie auch nicht verkaufen konnte, musste sie für ihren Lebensunterhalt weiterhin einem Job nachgehen, was sie schließlich völlig auslaugte. „Ich habe kein Glück! Nur weil meine Familie ihren Besitz verloren hat, konnte ich mein Talent nicht weiterentwickeln", klagte sie weinend.

Ich sprach ihr zunächst mit verhaltener Stimme mein volles Mitgefühl darüber aus, dass das Schicksal ihrer misslichen Umstände ihr besonderes Talent für die Malerei habe brechen können, fuhr dann aber fort:

„Sie unterliegen einem Denkfehler! Die meisten Leute glauben, der Besitz ihrer Vorfahren sei etwas Selbstverständliches, aber das ist nicht so! Vielmehr ist es doch selbstverständlich, dass fast jeder ohne viel Besitz leben muss. Und trotzdem hat der Besitz Ihrer Eltern es Ihnen ermöglicht, bis Mitte Zwanzig das Malstudium zu betreiben, das Sie so liebten. Das ist doch etwas, für das Sie dankbar sein müssten! Und als Sie dann schließlich Ihren Besitz verloren haben, waren Sie doch schon Ende Zwanzig, oder? Und auch wenn Sie nun wirklich keinen Besitz mehr haben sollten, ist es doch, wenn Sie jetzt weinen und klagen: ‚Wäre bloß mein Besitz nicht verlorengegangen!', nur ein Phantom der Vergangenheit, das Sie mit sich herumschleppen. Sie müssen nunmehr die Augen für Ihre gegenwärtige Realität öffnen und von Ihrem besitzlosen, nackten Ich aus neu beginnen.

Und dass Sie in Ihren Zwanzigern malten, dass Ihre Bilder ausgestellt und prämiert wurden – wenn Sie sich an diese Zeit erinnern und denken, es müsse jetzt noch einmal so werden und dann weinen und klagen, wenn dies nicht so läuft, ist das nicht auch nur ein Phantom der Vergangenheit? Sie müssen dieses Phantom, es solle noch einmal so werden wie mit Zwanzig, über Bord werfen und von Ihrer jetzigen Realität ausgehen!

Und noch eins: Ganz grundsätzlich malen Sie doch eigentlich, weil Sie die Malerei lieben, weil Sie malen möchten, nicht wahr? Deswegen sollten Sie sich auch damit zufrieden geben! Ich finde, wenn Sie die Bilder malen können, die Sie mögen und sich dann nur darüber beklagen, dass Sie sie nicht verkaufen, dann geht Ihre Gier zu weit. Es ist doch ganz in Ordnung, dass Sie für Ihren Lebensunterhalt jobben. Sollten Sie sich nicht darüber freuen, dass Sie dadurch leben und Ihr Talent in Ihrem Hobby verwirklichen können, ob Sie nun dabei beachtet werden oder nicht?

Sehen Sie mich an. Ich übe Zazen nicht, um es zu verkaufen.

Ich führe schon seit dreißig Jahren ein Zen-Leben. Die ersten zwanzig Jahre war ich dabei von der Welt total im Stich gelassen und übte mein Zazen bettelarm, mit oder ohne Essen und ohne jegliche großen Sprünge. Ich tat dies, weil man gerade, wenn man inmitten eines solchen Lebens Zazen übt, die Bedeutung seines eigenen Lebens erkennt. Und obwohl seit den letzten zehn Jahren einige Leute zu mir kommen, die meinem Zen Sympathie entgegenbringen und daran teilhaben möchten, habe ich bis heute keineswegs den Wunsch, Zen verkaufen zu wollen. Ich tue weiterhin nichts anderes als nur mein Zazen zu üben. Sollte es nicht auch für Sie Ihre ganze Freude sein, jetzt die Bilder zu malen, die Sie mögen?"

Die Frau hatte meine Worte im Großen und Ganzen verstanden und kehrte schließlich mit heiterem Gesicht heim.

Natürlich leben wir in Wirklichkeit alle und jederzeit die Realität unseres Seins, aber trotzdem können wir diese aus den Augen verlieren, um das Phantom einer sagenhaften Vergangenheit mit uns herumzuschleppen oder nur im Verhältnis zu anderen zu leben. Führt nicht gerade dies zu Gefühlen von Einsamkeit und Verlassenheit, zu Schmerz und Leid oder auch zu Neid und Eifersucht?

Ein anderes Beispiel. Ich ging einmal über Land. Aus der Ferne betrachtet waren die Hügelketten dicht bewaldet und zwischen den Bäumen war auf einmal das Dach eines großen Tempels sichtbar. Den Erzählungen der dortigen Nachbarn zufolge war dieser Tempel früher noch um Vieles größer gewesen, dann aber bei einer Feuersbrunst niedergebrannt und nachher verkleinert wiederaufgebaut worden. Unter der Führung der Leute aus dem Dorf ging es über eine lange Steintreppe hinauf, und als ich endlich näher kam und den Tempel betrachtete, war er keineswegs klein, sondern ein so großartiges Gebäude, wie man es sich gegenwärtig gar nicht mehr vorstellen kann. Und als ich verwundert fragte: „Wann soll denn dieser Tempel niedergebrannt sein?", gab man mir zur Antwort: „In der Kamakura-Zeit!"

Sollte also dieser Tempel vor der Kamakura-Zeit noch größer gewesen sein? Da aber die Kamakura-Zeit schon sieben-, achthundert Jahre her ist, brach ich unwillkürlich in Gelächter aus. Als die Dorfleute ihre Geschichte vom Brand und den

Folgen erzählt hatten, hatte ich nämlich gedacht, dies sei wahrscheinlich vor fünf, sechs, höchstens aber vor zwanzig Jahren geschehen. So haben mir diese Dorfleute also eine Geschichte, die sie selber gar nicht erlebt hatten, derart weitererzählt, als sei es ein Ereignis aus jüngster Zeit gewesen.

Wenn man es einmal genau zu betrachten versucht, wird hier kein Unterschied zwischen etwas gemacht, das vor sieben- oder achthundert Jahren passiert ist und einem Ereignis der jüngsten Zeit.

So erinnern sich etwa die Juden an die Überreste des vor mehreren tausend Jahren von Salomon erbauten Tempels mit einer Frische, als sei dieser gestern errichtet worden. Genau genommen ist es dabei jedoch gar keine direkte Erinnerung, sondern ein Erinnern von etwas durch die Ahnen Forttradiertem oder in Schriftstücken Niedergelegtem. Wie dem auch sei, setzen die Juden das Schicksal ihres ganzen Volkes für diese Erinnerung ein und liegen dafür mit Muslimen und Christen im Krieg. Natürlich geht dies dabei nicht einseitig von den Juden aus, sondern stößt sich genauso sehr mit den *Erinnerungen* der Muslime und Christen.

Viel zu häufig hat dies (also das Forttradieren durch die Ahnenreihen oder durch Schriftstücke etc.) in den mythologie- betonten und sektiererischen Religionen zu gegenseitigem Morden im großen Stil geführt. Dies ist nicht nur auf die mythologiebetonten, sektiererischen Religionen beschränkt. Haben nicht vielmehr alle „Ismen" und Gedankengebäude ähnliche Fehler?

Die ureigenste *Realität des gegenwärtigen Seins* wird nicht als etwas dargestellt, das man mit den eigenen Augen sieht, sondern wird im Gegenteil im Namen Gottes, der Gerechtigkeit oder des Friedens, einer fixierten Lehre oder einer offiziellen Denkart niedergemacht.

Nun kann man gewiss nicht sagen, dass Überlieferung, Mythologie und Geschichte, dass „Ismen" und Philosophien bedeutungslos wären, nur weil sie von Menschen erdacht worden sind. Sie sind jedoch auch keine gegenwärtige, unmittelbare Lebenserfahrung, sondern vielmehr Anschauungen, die sich verhärtet und verselbständigt haben. Wir sollten ihnen zwar als Erfahrungen und Kenntnisse der Vergangenheit unserer Gemeinschaft in der Erfahrung unserer gegenwärtigen Realität einen gewissen Raum geben, haben uns jedoch zu sehr in diese Überlieferungen und Mythen, in die Geschichte und besonders in religiöse Lehren, also in die offiziellen Denkarten von „Ismen" und „Logien" verrannt und ihnen blindgläubig verschrieben. Wenn wir diese fixierten Anschauungen in heißem Fanatismus auch nur ansatzweise in die Tat umsetzen, vermengen wir sie komplett mit unserer gegenwärtigen Lebens-erfahrung. Schlimmer: Indem wir diese Anschauungen mit uns herumtragen, machen wir unser gegenwärtiges Sein nieder!

Im individuellen Fall der Schizophrenie kann der Patient in die Psychiatrie eingewiesen werden, doch auf der Ebene der sektiererischen Religionsgemeinschaften, der „Ismen" und „Logien", unternehmen Gesellschaftsgruppen zwar Aktionen, die ebenso schizophren sein können; da man deshalb nicht ganze Gesellschaftsgruppen in die Psychiatrie einliefern kann, bestimmen diese verrückt gewordenen Massen auf fatale Weise die Menschheitsgeschichte, und diese kann man wohl mit Fug und Recht als eine lange Kette solcher Aktionen sehen.

Es gibt zwar keinen Zweifel, dass wir in Wirklichkeit alle und jederzeit (also auch, wenn wir geisteskrank werden) irgendwie die *Realität des Seins leben,* aber wir müssen darauf achten, diese Realität des Seins nie aus den Augen zu verlieren, sondern sie vielmehr als beständiges Ziel anvisieren, um sie zu verwirklichen. Genau an diesem Punkt liegt die Bedeutung des Zazen als einer Praxis, *die Realität des Seins zu leben.*

2. Die Praxis des Zazen

2.1. Die Technik des Zazen

Bisher haben wir uns allein mit der Bedeutung des Zazen-Übens beschäftigt, im folgenden Kapitel soll es um dessen Methode gehen.

Was den Übungsort angeht, so sollten wir nach Möglichkeit in einem ruhigen Zimmer praktizieren. Einem Raum, in dem es nicht zu hell und nicht zu dunkel sein sollte und der im Winter warm, im Sommer kühl ist. Wir sollten außerdem z. B. Durchzug o. ä. vermeiden und den Raum ordentlich und sauber halten. Kurz, wir sollten eine Atmosphäre schaffen, in der wir uns entspannen und konzentriert sitzen können.

Es ist zudem gut, eine Buddhastatue aufzustellen und ihr zum Beispiel Blumengaben darzubringen. Da die Buddhastatue der künstlerische Ausdruck der in der Stille des Zazen gewonnenen Weisheit ist, wird bereits durch ihre Pflege eine Atmosphäre geschaffen, die gewissermaßen unser Üben vorbereitet. In diesem Sinne hat es auch eine Bedeutung, wenn wir als Zen-Übende der Zen-Halle unseren Respekt zollen, indem wir bei jedem Eintreten die Hände zusammenlegen.

Zusammenfassend gesagt, muss es uns also wichtig sein, eine Umgebung zu schaffen, die unserem Zazen hilft. Betrachten wir als nächstes die Sitztechnik des Zazen.

Dabei richten wir zunächst ein *Zaniku* genanntes, dünnes Kissen zur Wand aus und legen anschließend das eigentliche Sitzkissen (*Zafu*) darauf. Sodann setzen wir uns (ebenfalls Richtung Wand) auf das Vorderdrittel des *Zafu* und kreuzen die Beine.

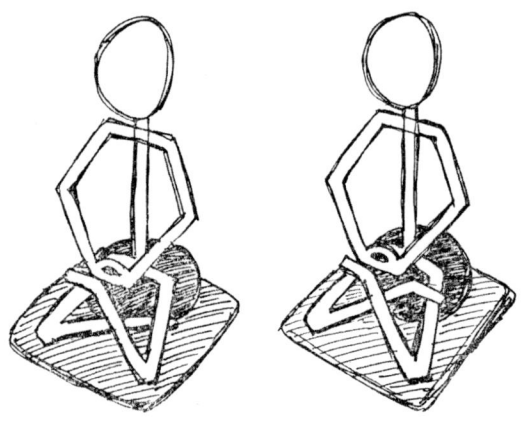

Dabei legen wir den rechten Fuß auf den linken Schenkel und danach den linken Fuß auf den rechten Schenkel (was man Lotussitz nennt, in der obigen Abbildung rechts zu sehen). Wer die Beine nicht auf diese Weise kreuzen kann, sollte den linken Fuß auf den rechten Schenkel legen (der so genannte halbe Lotussitz, wie in der obigen Abbildung links). In diesem Falle darf man jedoch nicht auf einem (zu) niedrigen *Zafu* sitzen. Das *Zafu* muss so hinter den gekreuzten Knien liegen, dass beide Knie fest auf dem Boden (bzw. dem *Zaniku*) aufliegen können, denn die beiden Knie und der Hintern sind die drei Punkte, die das Gewicht des ganzen Oberkörpers tragen. Danach richten wir das Becken auf, schieben gewissermaßen in Gedanken den Po nach hinten, machen die Wirbelsäule und auch den Nacken lang, ziehen das Kinn heran, schließen den Mund, in dem sich keine Luft mehr befinden sollte, und legen die Zunge an den unteren Gaumen an. Wir halten uns also quasi so, als seien wir mit dem Hinterkopf am Himmel aufgehängt. Beide Schultern sollten sich entspannen. Die rechte Hand legen wir offen auf das linke Bein, die linke Hand sodann ebenso auf die rechte und lassen die beiden

Daumenspitzen sich dann waagerecht berühren. Ohren und Schultern sollten jeweils auf einer Linie liegen und auch zwischen Nase und Nabel sollte man eine Gerade ziehen können. Die Augen sind normal geöffnet und man schaut mit ganz leicht nach unten gerichtetem Blick auf die Wand.

Dies ist bereits die komplette äußere Haltung des Zazen, und wenn wir diese einigermaßen eingenommen haben, pressen wir zunächst die restliche Luft aus dem Mund heraus, um einen klaren Gefühlsschnitt zu machen, schwanken sodann zwei-, dreimal mit dem Oberkörper langsam hin und her, um drückende, unbehagliche Stellen auszugleichen und begeben uns danach in die Unbeweglichkeit. In dieser Unbeweglichkeit lassen wir den Atem dann ruhig durch die Nase strömen, wobei wir lange Atemzüge einfach lang, kurze eben kurz sein lassen sollten, d. h. am besten ist, wenn man den Atem völlig natürlich belässt. Starkes, geräuschvolles Atmen sollten wir aber vermeiden.

Gewiss könnte man sagen, dass diese oben beschriebene Form des Zazen, die ganz und gar eine Entdeckung Ostasiens ist, so ideal ist, dass es einem geradezu mysteriös vorkommt. Dies lässt sich leicht verstehen, wenn man sie einmal mit der Haltung von Rodins *Denker* vergleicht. Behauptete man, dass jener *denke*, mag dieser Ausdruck zwar irgendwie stimmen, doch eigentlich zeigt der Denker eher eine Haltung, in der man *Phantasien* nachhängt. Der Oberkörper ist gebeugt, der Kopf bei ebenfalls gebeugtem Hals auf die Knie gestützt. Dies ist eine Haltung, in der die Durchblutung, besonders des Kopfes, ins Stocken gerät, wodurch man leicht von Phantasien mit Beschlag belegt wird, ohne sich wieder von ihnen lösen zu können.

Dagegen werden im Zazen das Becken, der Oberkörper, der Hals und auch der Kopf absolut gerade gehalten. Außerdem sind die Beine solide verschränkt und der Bauch ist entspannt, so dass reichlich Blut bis zum Kopf und wieder zurück zu fließen vermag. Besonders dass das hochgepumpte Blut wieder aus dem Kopf abfließen kann, verhindert einen Stau und bewirkt, dass man sich nicht an Phantasien festbeißt. Richtig Zazen zu üben heißt deshalb, alles der richtigen Haltung zu überlassen.

Freilich ist es sehr viel leichter, diese korrekte Haltung des Zazen in Bezug auf Skelett und Muskeln etc. zu beschreiben, als sie dann tatsächlich einzuhalten. Damit ist auch gemeint, dass es sich etwa bei permanentem Nachdenken, selbst wenn dabei die äußere Form des Sitzens korrekt wäre, eher um *Nachdenken* als um *Zazen* handeln würde. Wenn jemand vor sich hin döste, müsste man das folglich *Dösen* und nicht *Zazen* nennen. Sowohl *Nachdenken* als auch *Dösen* haben mit Zazen nichts zu tun! Viel mehr geht es darum, wach und lebendig auf die rechte Haltung des Zazen konzentriert zu bleiben. Wenn man dagegen vor sich hin döst, wird dem Zazen die Energie entzogen und es wird schwammig und unklar. Hängt man aber seinen Gedanken nach, so versteift sich die Haltung. Im Zazen sollen wir uns jedoch weder versteifen noch uns unsere Energie entziehen, sondern vielmehr wach und lebendig bleiben.

Dies ist ähnlich wie beim Autofahren. Wer vor sich hindösend oder betrunken fährt, riskiert genauso sein Leben wie jemand, der angespannt und völlig in Gedanken fährt. Oder nehmen wir die Gefahr, die es bedeutete, die Geschäfte einer Firma oder die Politik eines Staates dösend, betrunken, angespannt oder gedankenverloren zu regeln!

Kurz, es ist wichtig, dass wir – ganz gleich, worum es auch gehen mag – unser Leben wach und lebendigen Auges leben!

Zazen hat eine Form, die höchsten Nachdruck darauf legt, das Leben wach und aufmerksam zu leben, und die dies auf höchst direkte und unverfälschte Weise einüben lässt. Selbst wenn sich dies so leicht dahin sagt, ist die Praxis für unser Leben nicht nur ungemein bedeutend, sondern oftmals knochenhart.

Wenn nun aber die Praxis des Zazen in der Einhaltung der oben beschriebenen Form und im Vermeiden des Dahindösens oder der Gedankenverlorenheit besteht, was mag dann das Ergebnis solcher Praxis sein? Oder, anders gefragt, kann man ein solches überhaupt unmittelbar fassen?

Dies ist vielleicht gerade das Sonderbare am Zazen, dass es zwar so ungemein wichtig ist, die rechte Form einzuhalten, sich aber dennoch nicht unbedingt direkt greifbare Ergebnisse vorzeigen lassen.

Nein, solche nachweisbaren Ergebnisse werden dem Zazen Praktizierenden nicht bewusst. Genauer gesagt stellt es bereits eine Entfernung von der Wirklichkeit des Zazen dar, wenn jemand von sich behauptet: „Mein Zazen ist gut geworden" oder: „Ich habe Zazen verwirklicht", einfach schon deshalb, weil es sich dabei um ein Gedankenkonstrukt handeln würde.

Es ist also beim Zazen unbedingt wichtig, sich um die richtige Form zu bemühen, während aber kein Bewusstwerden irgendwelcher Erfolge zu erwarten steht!

Dies ist ein merkwürdiger Widerspruch, nicht wahr?

Es ist eigentlich selbstverständlich, dass alles auf dieser Welt, was ein Ziel hat, auch ein Ergebnis hat und umgekehrt – wer würde sich schon um etwas bemühen, von dem er weiß, dass es nichts einbringt?

Dies ist jedenfalls die ökonomische Denkweise und das kalkulierende Handeln der Allgemeinheit.

Hier aber geht es gerade darum, diese extrovertierende Ökonomie und dieses Kalkül aufzugeben, um *das Selbst das Selbst zum Selbst* machen zu lassen. Um nur das Zazen das Zazen Zazen machen zu lassen.

Zazen führt heraus aus einem ökonomischen Denken, in dem da, wo ein Ziel ist, auch ein Ergebnis sein muss. Wenn wir normalerweise mit unserem kleinen Kopf zu denken versuchen, dass es ein Bestreben geben soll, dessen Ergebnis gar nicht zu bemerken sein wird, so kommt uns dies reichlich blödsinnig und widersprüchlich vor. Nun, genau in diesem Widerspruch *sitzen* (üben) wir. Und es kann natürlich sein, dass dies ein irgendwie unbefriedigendes Gefühl hinterlässt. Vielleicht haben wir dabei auch den Eindruck totaler Absurdität.

Aber genau genommen ist es gerade das, was Zazen so großartig macht. Denn das permanente Trachten des Durchschnittsmenschen ist es doch, wie sein kleines Selbst und sein dummer Stolz zufriedenzustellen seien. Im Zazen dagegen wirkt die Kraft Buddhas, die Kraft der unermesslichen reinen Existenz, die gerade in dieser Absurdität und darin, dass sie den kleinlichen Stolz enttäuscht, das Denken des dummen Durchschnitts überschreitet.

Letztendlich ist das einzig Wichtige, dass man um dieses Wesen des Zazen weiß und sich beim Üben nicht mit dem Kopfe, sondern gewissermaßen mit dem Rücken und den Muskeln bemüht, die richtige Haltung des Zazen korrekt einzuhalten.

Wie bereits gesagt bedeutet Zazen, *jetzt die Realität des eigenen Seins zu praktizieren*, und es ist nicht selbstverständlich, dass wir dies so einfach begreifen. Umso mehr sollten wir uns sehr deutlich dessen bewusst sein, dass unser kalkulierender Verstand es unbefriedigend und absurd finden wird, wenn wir das Ergebnis unseres Tuns nicht bemerken können.

Auf jeden Fall aber ist dieses reine Zazen die Form, die am direktesten auf die Realität des Jetzt abzuzielen vermag. Und auch in den Worten Dôgen Zenjis wird klar, dass das Ziel des Zazen nur das Zazen selber ist und dass es darüber hinaus ein Zazen um irgendeines *Satori*, irgendeiner Erleuchtung willen nicht geben kann. Das reine Zazen ist also bereits *Satori*, das Zazen-Üben ist die aktuelle Praxis und Realisierung von *Satori*. Wenn man mit einer solchen Haltung übt, so kann man vollkommen auf dieses reine Zazen vertrauen.

Mein eigener Lehrer, Sawaki Kôdô Rôshi, sagte immer:

„Zazen üben – und damit basta!"

Eigentlich wäre es also gut, wenn man nur einfach Zazen übte, aber da wir oft so viele Zweifel haben, dass erst gar kein rechtes Zazen daraus wird, muss man sich manchmal solche alten Quellen zu Hilfe nehmen.

2.2. Das Loslassen der Gedanken

Oben habe ich gesagt, dass derjenige, der beim Zazen in Gedanken versunken ist, eben in Gedanken versunken ist und nicht Zazen übt.

Soll das also heißen, dass es beim Zazen keinerlei Gedanken gäbe? Ist gutes Zazen erst erreicht, wenn jeder Gedankenfluss aufgehört hat? An dieser Stelle müssen wir eine klare Unterscheidung zwischen einem *den Gedanken Nachhängen* oder *Gedankenversunken-Sein* und einem *Fließen von Gedanken* vornehmen.

Weil nämlich, wenn während des Zazen das Fließen der Gedanken zu einem den Gedanken Nachhängen wird, das Zazen aufhört und ein Gedankenversunken-Sein beginnt. Und so kann man nicht einfach sagen, dass bloß das Aufhören des Gedankenflusses Zazen sei.

Aber was zum Teufel ist nun mit alledem eigentlich gemeint?

Stellen wir uns einmal einen großen Stein neben einen Zazen-Übenden legen. Da dieser Stein nicht lebt, werden bei ihm, egal wie lange er auch dort liegen mag, keine Gedanken fließen. Unser Zazen-Übender dagegen ist ein lebendiger Mensch und so kann seine Gestalt zwar ebenso reglos sein wie die des Steines, aber er kann wohl niemals, wie der Stein, völlig ohne das Fließen von Gedanken sein. Wenn er aber völlig ohne Gedanken wäre, dann wäre er wohl auch ohne Leben. Es kann uns aber niemals darum zu tun sein, aus der Wirklichkeit des Lebens etwas Totes werden zu lassen.

Deshalb geht es beim Zazen-Üben nicht etwa darum, den Gedankenfluss zum Stoppen zu bringen, sondern es ist im Gegenteil sogar völlig natürlich, dass permanent Gedanken fließen. Nur wenn wir uns dann an diese Gedanken festhängen, geraten wir aus dem Zazen in die Gedankenversunkenheit.

Und wie soll man es nun richtig machen?

Nun, wenn man die grundlegende Geisteshaltung des Zazen mit einem Ausdruck zusammenfassen will, dann kann man am treffendsten vielleicht von einem *Loslassen der Gedanken* sprechen.

Unser Kopf denkt permanent *irgendetwas* und dieses *irgendetwas denken* ist eigentlich der Versuch, mit dem *Denken* das *Irgendetwas* zu erfassen. Während des Zazen aber werden die Gedanken weit, und so können wir letztlich dies *Irgendetwas* nicht erfassen. Dies ist das Loslassen der Gedanken. In Wirklichkeit kommen vielleicht durchaus mancherlei Gedanken auf. Aber wenn man nicht versucht, diese festzuhalten, dann bilden sie sich nicht als *Irgendetwas* heraus. Wenn man zum Beispiel den Gedanken A (Blume) einfach loslässt, so bildet sich eine Verbindung: ist B (schön) nicht heraus und es kann folglich auch keine logische Folge (die schöne Blume etc.) gebildet werden. Das heißt, wenn man A im Kopfe loslässt und den Gedanken nicht fortführt, bleibt er gewissermaßen ohne weitere Sinnbildung und wird so mit dem Fließen des Bewusstseinsstroms wieder verschwinden.

Da in der kerzengeraden Haltung des Zazen, wie vorher beschrieben, das Blut aus dem Kopf wieder abfließen kann, fällt es im Grunde genommen leicht, sich nicht an einzelnen Gedanken zu verbeißen. Wenn man also nur entsprechend auf die korrekte Körperhaltung des Zazen achtet, findet das Loslassen der Gedanken eigentlich ganz natürlicherweise statt, aber da der Mensch nun mal keine Maschine ist, kann es – trotz tadelloser Form – vorkommen, dass wir wieder und wieder ins Nachdenken geraten. Deshalb ist es beim Zazen wichtig, dass wir uns ganz der eifrigen Bemühung um die korrekte Haltung der Muskeln und Glieder hingeben und immer wieder versuchen, unsere Gedanken dabei loszulassen. Dann wird unser Üben im Geiste des Zazen sein, denn Zazen-Üben ist eben nicht Denken, sondern Praktizieren.

Dies ist, was Dôgen Zenji die Bemühung um ein Zazen ohne Denken nannte: mit den Muskeln und Gliedern Zazen übend, sich um das Loslassen der Gedanken bemühen.

Oder denken wir an das *Erwachen und Erfühlen*[*], das von Keizan Zenji überliefert wird und um die Idee kreist, dass, wenn man erst klar erwacht ist, die Wirklichkeit die Wirklichkeit lebe.

Diese Geschichte von Keizan Zenji ist wirklich hervorragend, um bei Zen-Übenden eine gute Geisteshaltung zu erzeugen oder während des Zazen die Stimmung zu heben, im heutigen Japanisch könnte man ihren Inhalt vereinfachend mit *Erwachen und Realisieren* oder *Zur Realität erwachen* zusammenfassen. Jedenfalls aber ist dieses *Erwachen und Erfühlen* nicht dasselbe wie einfaches Begreifen oder Einsehen. *Begreifen* oder *Einsehen* stehen nämlich in gewissem Gegensatz zu dem, was man weiß und wissen kann, nicht so aber das *Erwachen und Erfühlen*.

Ich habe bereits in Kapitel 1.4. gesagt, dass wir letztendlich immer und überall die Realität der Existenz unseres Selbst leben. Und dass wir Gewöhnlichen trotzdem die Realität der Existenz unseres Selbst immer wieder aus den Augen verlieren, so dass sie unklar und unscharf wird. Wenn wir aber fragen, warum wir sie aus den Augen verlieren und warum sie uns verschwimmt, dann ist es, weil wir vor uns hindämmern oder uns in Gedanken verlieren. Erinnern Sie sich bitte daran, wie gefährlich es ist, schläfrig oder gedankenverloren ein Auto zu steuern. Das hier beschriebene *Erwachen und Erfühlen* meint

---

[*] *kakusoku,* wörtlich: erwachen und berühren; der Ausdruck steht für ein erfüllteres und bewussteres Leben.

nun, dass wir, während wir unsere Gedanken loslassen, aus unserem Dahindämmern und unserer Gedankenverlorenheit erwachen und erkennen, dass wir mit unseren Gliedern und Muskeln jetzt selbst und ganz real die Haltung des Zazen üben. Und außerdem, dass wir durch unsere Knochen und Muskeln in der Übung des Zazen die Realität unseres Selbst erkennen.

2.3. Das Realisieren des Seins

Lassen Sie uns nun im Folgenden versuchen, die konkrete innere Erfahrung des oben beschriebenen Zazen so genau wie möglich zu analysieren.

Ziehen wir dazu zunächst veranschaulichend eine Linie von einem Punkt Z zu einem Punkt Z1, die symbolisieren soll, dass wir die Körperhaltung des Zazen korrekt einhalten. Während wir Zazen üben, sollte das Zazen-Üben die Realität unseres Seins ausmachen, wir müssen deshalb unbedingt diese Linie von Z – Z1 einhalten. Doch da wir uns in unserem Sitzen von einem aufgestellten Stein unterscheiden und nicht völlig starr sind, weichen wir natürlicherweise immer wieder von dieser Geraden ab. So tauchen z. B. Gedanken auf, oder aber wir werden schläfrig.

Lassen Sie uns beispielsweise mit einem Gedanken a von der Linie Z – Z1 abweichen. Wenn wir nun aber zulassen, dass dieser Gedanke a sich konsolidiert und wir ihn über a1 und a2 weiterverfolgen, dann geraten wir in regelrechtes Nachdenken. Wenn etwa ein Gedanke an unsere Arbeit auftaucht und wir dann weiter an das nächste Arbeitsvorhaben und die beste Zeiteinteilung denken, dann sind wir bereits mitten in einem Nachdenken über unsere Arbeit. Wenn wir aber an dieser Stelle die Gedankenkette wieder loslassen und über unsere Glieder und Muskeln die Haltung des Zazen (die Gerade Z – Z1) realisieren (erwachen und erkennen), dann kehren wir zur

Realität der Existenz zurück.

Wenn wir das eine Weile gemacht haben, werden wir vielleicht müde. Dies wollen wir hier als b kennzeichnen. Wenn wir dies dann zu b1 und b2 sich fortsetzen lassen, dann wird ein richtiges Schläfchen daraus. Dass wir ein Schläfchen mit b, b1 und b2 markieren, mag vielleicht albern erscheinen, aber es entspricht tatsächlich dem, was in der Praxis des Zazen geschieht. Das heißt, wenn wir beim Zazen müde werden und uns dabei unbewusst in Gedanken treiben lassen, dann ist dies ein Dahindösen. Das liegt daran, dass wir eigentlich träumen, wenn wir irgendwelche Gedanken treiben lassen. So gesehen macht es für die Praxis des Zazen keinen Unterschied, ob wir nun Gedanken nachhängen oder ein Schläfchen machen.

Anders gesagt: Wenn wir wachen Auges unsere auftauchenden Gedanken weiterverfolgen, wird ein Nachdenken daraus, wenn wir dagegen müde sind und dann unsere auftauchenden Gedanken immer weiter verfolgen, dösen wir träumend dahin. Zuzeiten denken wir dabei sogar noch *„ich bin jetzt müde, aber ich werde es aushalten und eisern Zazen üben"* – und träumen dabei eigentlich schon tief. (Dies sind übrigens schlichte Tatsachen der Zazen-Erfahrung; ich habe keinerlei Ahnung von Hypnose und inwieweit ein solcher Zustand des Dösens in der Hypnose angewendet werden könnte.)

Deshalb müssen Zazen-Übende, genau wie sie aufkommende Gedanken gehen lassen sollen, im Falle von Müdigkeit Kraft aus den Gliedern und Muskeln in die Übung geben, die Augen richtig öffnen und zur Realität des Seins zurückkehren.

In der Praxis unseres Zazen treten diese a bzw. b permanent auf. Ab und zu aber werden wir selbst dieses Wachrütteln, diese Rückkehr zur Übung vergessen und uns mit c, c1, c2 und c3 immer weiter in Gedanken verstricken und von der Realität des Seins entfernen. Wenn wir derart an unsere Gedanken verloren sind, kann es vorkommen, dass wir beispielsweise mit der klar vor uns aufgetauchten Gestalt (etwa unserer Frau etc.) ein inneres Gespräch beginnen. Aber auch an einem solchen Punkt soll der Zazen-Übende schließlich aufwachen (d. h. die Gedanken gehen lassen und sich mit Gliedern und Muskeln wieder auf die Haltung des Zazen konzentrieren), und diese klar vor seinem inneren Auge aufgetauchte Gestalt $c3$ wird wieder verschwinden, worauf er zur Realität des Zazen-Übens $Z - Z1$ zurückkehren kann.

Dieser Punkt ist bemerkenswert. Wissen wir doch sehr deutlich, dass diese klar vor unserem inneren Auge aufgetauchte Gestalt nicht real, sondern nur ein Produkt unserer Gedanken ist. Wenn wir Zazen üben, ist uns klar, dass wir – egal auf welcher Stufe wir aufwachen (sei es c, $c1$, $c2$ oder $c3$) – unbedingt zur Geraden $Z - Z1$ zurückkehren müssen. Somit ist dieses Zurückkehren zur Geraden $Z - Z1$, egal an welchem Punkt wir aufwachen, also eben dieses Aufwachen das, was das Zazen ausmacht.

Zu Beginn habe ich gesagt, dass, wenn wir Zazen üben, das Zazen ($Z - Z1$) die Realität unseres Seins sein soll und dass wir deshalb beim Üben die Gerade $Z - Z1$ unbedingt einhalten sollten. Jetzt muss ich dies allerdings etwas umformulieren. $Z - Z1$ bezeichnet die Körperhaltung des Zazen. Aber die Realität unseres Seins erschöpft sich natürlich nicht nur in dieser. Denn auch wenn er die Gerade $Z - Z1$ absolut korrekt einhält, wird der aufgestellte Stein niemals lebendig sein. In unserer Lebendigkeit können wir, selbst wenn wir uns darum bemühen, beim Zazen niemals völlig starr die Gerade $Z - Z1$ einhalten, sondern weichen in verschiedenster Weise immer wieder von ihr ab. Aber genau die Energie, die uns immer wieder aufwachen und zur Geraden zurückkehren lässt, ist die Realität des Seins in unserem Zazen-Üben. Das, was uns beim Aufwachen stets wissen lässt, dass alle auftauchenden Gedanken nur sofort wieder verlöschende, irreale Vorspiegelungen sind, ist Zazen zu nennen. Dies beschreibt Yôka

Daishi[*] im *Shôdôka* so: „*Die Wolken der fünf Sinne sind leer, die drei Gifte (Armut, Ärger, Krankheit) sind wesenlos wie Luftblasen. Selbst die Vorstellung der Hölle ist haltlos.*"

Das wirklich Unmittelbare am Erwachen im Zazen ist die Erfahrung, dass alle Gedanken, niederen Lüste und wilden Phantasien nur irreale Vorspiegelungen sind, die Luftblasen gleichen, und dass selbst weit entwickelte Gedankengebäude wie z. B. das der Hölle sich im Nu in Nichts auflösen.

Dies ist ein Punkt, den man in Bezug auf Zazen nicht genug betonen kann, denn wenn man normalerweise von Zazen spricht, denkt man gern, dass man sich dabei, wie in meiner Zeichnung, bloß um die Einhaltung der Geraden Z – Z1 bemüht und seinen Geist dadurch immer weiter schult, um schließlich die Gerade Z – Z1 ganz zu verwirklichen. Ich möchte deshalb hier besonders herausstreichen, dass das, was Dôgen Zenji das Zazen der buddhistischen Meister und das wahre existentielle Zazen nennt, etwas anderes ist. Er bezieht sich dabei auf die Worte Nâgâjurnas[**] und hat eine klare Unterscheidung zwischen Zen außerhalb des Weges *(Gedô-Zen)*, Hînayâna-Zen *(Shôjô-Zen)* und Buddha-Bodhisattva-Zazen *(Butsu-Bosatsu-Zen)* getroffen. Dabei meint *Gedô-Zen* ein Zazen außerhalb des Buddhismus, dem es nicht um die Transparenz der Existenz geht, sondern dem vielmehr der Geschmack und die Farbe von allerlei weltlichen Vorteilen angehängt werden; dies ist ein Zazen, das vom Standpunkt der Nützlichkeit aus betrieben wird. Im gesamten Hînayâna-Bereich wird dagegen versucht, die Wünsche und Begierden abzubauen, um schließlich in deren völliger Vernichtung das Nirwana zu erlangen. Aber auch dies ist nicht das Zazen der Meister der rechten Überlieferung.

Wir haben also unser Zazen nicht bereits mit einer Verwirk-

---

[*] Chin. Yung-chia Hsüan-chüeh (665-713), ein Schüler Hui-nengs, des sechsten Patriarchen.

[**] Lebte im 2./3. Jh. und war einer der bedeutendsten Philosophen des Buddhismus.

lichung der Geraden Z – Z1 gemeistert. Das Abbauen der Illusionen und Begierden und deren schließliche Vernichtung ist nicht das Ziel des Zazen. Im Hînayâna-Buddhismus wird allerdings dieses Vernichten der Illusionen und Begierden schon Nirwana (*Satori*) genannt. Wenn man aber annimmt, dass dieses *Satori* die Realität der menschlichen Existenz ist, dann müsste ja gewissermaßen die Nicht-Existenz (der Tod) die Wirklichkeit der Existenz sein. Wenn man im Hînayâna-Buddhismus den Grund des menschlichen Leidens in Begierden sieht und meint, dass nur deren Auflösung die Glückseligkeit des Nirwana hervorbringt, frage ich mich, ob dieser Wunsch nach Auflösung des Leidens und der Glückseligkeit des Nirwana keine Begierde ist. Wenn aber auch dies eine Begierde ist, muss sich dann der Übende nicht in einen fatalen Widerspruch verstricken? Deshalb heißt es in den Sûtras: „Ihr sollt niemals versuchen, im Zazen dem Theravâda-Weg zu folgen, dessen Jünger danach streben, vollkommen zu werden."

Das Zazen der Meister der rechten Überlieferung aber ist anders. Weil für sie sowohl die Wünsche als auch die Begierden ein Ausdruck der Kraft unserer Existenz sind, werden diese weder gehasst noch ausgelöscht, sondern man versucht einfach, sie loszulassen. Denn wenn man sie auslöschte, würde das Leben leblos werden. Wichtig ist, dass nicht die Wünsche und Begierden selber unser Leben unsinnig werden lassen, denn diese entstehen ja im Gegenteil aus der Basis der Existenz. Entscheidend ist, diese sein zu lassen und nicht zu ihrem Spielball zu werden.

Man muss sich nicht ständig anstrengen, bloß nicht von diesen Wünschen und Begierden gebeutelt zu werden, sondern vielmehr danach trachten, zu erwachen und zur Realität des Seins zurückzukehren.

Auf unser Zazen-Muster angewendet, bedeutet dies: Auch wenn verschiedene Gedanken wie a und b auftauchen, können wir diese löschen, indem wir zum Realisieren des Zazen zurückkehren; genau so auch, wenn wir c, c1, c2 bis zur völlig lebendigen Gestalt c3 verfolgt haben.

Den Zazen-Übenden ermöglicht dies die klare Erfahrung, dass jegliche Gedanken letztlich ein substanzloses Auftauchen und Wiederverschwinden nicht wirklich überschreiten. Allerdings glaube ich, dass man diese Dinge wohl kaum ohne die praktische Erfahrung des Zazen zu begreifen vermag.

Wenn ich sage, dass wir diese Dinge nicht erfahren können, ohne Zazen zu üben, dann liegt das daran: Wir normalen Leute können einfach nicht begreifen, dass die Gedanken unseres eigenen Kopfes nur leere Schimären sind. Dies liegt schlichtweg daran, dass wir zu sehr in unsere Gedanken verstrickt sind.

Wenn wir zum Beispiel denken: „das mag ich", „das möchte ich haben", nehmen wir diesen einfachen Gedanken sofort als eine Tatsache, die wir glauben verfolgen zu müssen, so dass sich, wenn wir den Gedanken dann wirklich immer weiter nachgehen, schließlich immer stärkere Habgier entwickelt. Anders herum, wenn wir denken: „das kann ich nicht leiden" „das hasse ich", und diesen Gedanken als Tatsache nehmen und ihn glauben verfolgen zu müssen, so wird sich am Ende unweigerlich Hass daraus entwickeln.

In den Handlungen unseres Alltags folgen wir ständig und fast ausnahmslos dem Ergebnis solchen Nachjagens von Gedanken. Wir lassen diese sich gewissermaßen zu einer lebendigen Gestalt verfestigen, die durch unsere Wünsche und Begierden Nachdruck gewinnt und schließlich unser Handeln bestimmt. Darüber hinaus sind wir uns dieser Tatsache für gewöhnlich nicht bewusst. Wir gleichen dabei einem Trinker, der zunächst noch weiß, dass er betrunken ist, der jedoch immer weiter trinkt, bis der Alkohol ihn quasi ertränkt und er schließlich vergisst, dass er betrunken ist – wonach er aus dieser totalen Illusion heraus handelt.

Da in dieser Welt fast alle Menschen von ihren Wünschen

*Ev·
wad.th.
=
von allen
Gedanken
gelöste
Existenz
Gru!

~
II*

und Begierden getrieben handeln, gewinnt Zazen eine große Bedeutung, weil es uns erfahren lässt, dass in dem Moment, wo wir in unserem Zazen erwachen, alles, was sich vorher in unseren Gedanken konstruiert hat, wieder verlöschen kann. Das heißt, dass das Erwachen zur Realität der Existenz eine Umgewichtung weg von unserer normalen Fixiertheit auf die Inhalte unserer Gedanken hin zu der von allen Gedanken gelösten Realität der Existenz schafft. In diesem Moment erkennen wir auch, dass die Wünsche und Begierden in unseren Gedanken in Wirklichkeit nur flüchtige Schimären sind. Wenn wir uns dann genügend im Zazen üben, werden wir auch im normalen Alltag nicht mehr von den vielen auftauchenden Gedanken gebeutelt werden, sondern zur eigenen Existenz erwachen und von dort aus einen wirklichen neuen Anfang nehmen können.

Sind also die aus den Wünschen und Begierden entstehenden Gedanken a, b, und c nun doch etwas, das man ausrotten müsste?

Nein, das ganz sicher nicht! Denn auch die Gedanken, die aus den Wünschen und Begierden entstehen, sind Ausdruck der Lebenskraft des Menschen. Wenn wir aber zum Spielball der Wünsche und Begierden werden, dann stirbt unser Sein ab, dann wird es getötet.

An dieser Stelle realisieren wir Z – Z1, und von dort aus betrachtet kann man sagen, dass dies alles gewissermaßen die Landschaft des Seins darstellt (bzw. hier die Landschaft des Zazen). Im Nicht-Sein gibt es keinerlei Landschaft. Nur Dinge, die sind, bieten einen Anblick.

In der Welt, in der wir leben, gibt es Glück und Unglück, Reichtum und Armut, Interessantes und Langweiliges, genussreiche und leidvolle Stunden, Zeiten, in denen wir lachen und Dinge, über die wir trauern. Dies alles bildet die Landschaft des Lebens.

Für gewöhnlich sind wir jedoch auf geradezu verrückte Art

weit in die Landschaft des Lebens eingetaucht und von dieser geblendet. Während des Zazen, beim Loslassen der Gedanken, beim Realisieren von Z – Z1, wird es uns möglich, die Landschaft des Lebens wirklich als Landschaft des Lebens zu sehen.

Lassen Sie uns dies einmal im Zusammenhang mit dem betrachten, was ich im Kapitel 1.2. über das Selbst gesagt habe, das völlig durch seine Beziehung zu anderen bestimmt ist. Man kann leicht verstehen, dass das dort erwähnte *fremdbestimmte Selbst* gleichbedeutend ist mit dem, was ich hier *die Landschaft des Seins des Selbst* genannt habe.

Mein eigenes Leben ist – inmitten der Entwicklung dieser Landschaft und wenn ich nicht deren Spielball werde – ein Realisieren der Wirklichkeit des Seins. Zazen ist deshalb die Verwirklichung der Wirklichkeit dieses Seins, und in diesem Sinne auch des wahren Selbst.

Mit anderen Worten ist das wichtigste am Zazen nicht ein Abbauen der Wünsche und Begierden, bis schließlich nur noch die Gerade Z – Z1 übrig bleibt (obwohl es natürlich beim Zazen Zeiten gibt, wo auch dies bedeutsam ist und zur Landschaft des Zazen gehört). Im Gegenteil ist die reine Bemühung um die Einhaltung der Geraden Z – Z1 das Entscheidende, selbst wenn man dabei noch so leicht abweicht. Gerade das Realisieren einer Haltung des Zugewandtbleibens zu Z – Z1 im Immer-Wieder-Abweichen ist das Wesentliche beim Zazen.

3. Die Praxis des *Sesshin*

3.1. Sesshin ohne Spielerei

Im Folgenden möchte ich anhand einer Beschreibung unserer *Sesshin*-Praxis in Antai-ji eine Analyse der Erfahrungen vornehmen, die ein *Sesshin* hervorbringen kann. Ich möchte die innere Wirklichkeit der Lebenshaltung des Zazen klarmachen.

Seit dem Tode meines Lehrers Sawaki Kôdô Rôshi im Jahre 1965 habe ich *Sesshin* in der nachstehenden Weise durchzuführen begonnen: Den jeweils ersten Sonntag des Monats einschließend, wird fünf Tage geübt (allerdings ist im Februar Winter-, im August Sommerpause und im Juli und September wird die Zeit auf drei Tage reduziert). Während eines solchen *Sesshin* besteht das Programm zwischen 4 Uhr morgens und 9 Uhr abends ausschließlich aus dem Wechsel von Zazen und *Kinhin*. Zwischendurch werden drei Mahlzeiten eingenommen, auf die sofort wieder *Kinhin* folgt. Danach sind dreißig Minuten Pause für den Gang zur Toilette etc.

Die Besonderheiten eines solchen *Sesshin* in Antai-ji sind: 1. Bis auf kurze Grußformeln wird fünf Tage lang nicht gesprochen! Da auch keine *Sûtras* rezitiert werden, wird die Stimme überhaupt nicht benutzt. 2. Da ich keinen *Kyosaku* (flacher Schlagstock) verwende und auch ich als *Dôchô* (Mönchs-Ältester) vom Anfang bis zum Ende zur Wand hin meditiere, beobachte ich während dieser Zeit die Zazen-Übenden nicht. Somit ist der mehr oder minder alles andere ausschließende Fokus für die gesamte Zeit die eigene Praxis.

Da ich nach der Erfahrung mit zahlreichen anderen Formen von *Sesshin* zu der Überzeugung gekommen bin, dass diese Form die trefflichste ist, haben wir uns seit 1965 stets an diese gehalten. Ich glaube zudem, dass sie auf einfachste Weise den Grundsatz Sawaki Rôshis umsetzt: *„Zazen ist, wenn das Selbst das Selbst das Selbst sein lässt."*

Fünf Tage lang völlig ohne Worte und den Gebrauch der Stimme, ohne eigentlichen sozialen Kontakt und Kommunikation mit anderen zu sein, hat den Zweck, uns völlig auf uns selbst zurückzuwerfen. Gleichzeitig lässt es uns fünf Tage ohne Unterbrechung ein totales Zazen erfahren. Auch dass kein *Kyosaku* verwendet wird, soll uns auf uns selbst zurückwerfen. Wenn nämlich Zazen alles andere ausschließt und wir uns völlig allein der Wand gegenüber sehen, taucht eine furchtbare Langeweile auf.

Wenn man dann etwa mit einem *Kyosaku* herumginge, so geriete dieser quasi zu einem unterhaltsamen Spielzeug. Oder wenn wir zum Beispiel gerade ganz still sitzen und es käme jemand mit einem *Kyosaku* herum, würden wir vielleicht denken: „Oh je, meine Zazen-Haltung ist schlecht ... aber so oft ich auch an das Schlagen mit dem *Kyosaku* denke, ich werde es wohl nie leiden können." Oder aber: „Aah, dieser Nachmittag zieht sich ja elendig. Ob ich nicht wenigstens einen einzigen Schlag mit dem *Kyosaku* bekommen könnte?"

Wenn man diesen Punkt einmal eingehender betrachtet, sind wir alle eigentlich ziemliche Spielkinder.

Wir werden mit einem Schreien als Baby geboren. Gleich danach ist wohl der Sauger der Milchflasche unser erstes Spielzeug. Wenn wir ein bisschen größer werden, haben wir Stofftiere oder Puppen, dann Baumaschinen, Kameras oder Autos – oder auch das andere Geschlecht, den Eros. Das Lernen und die Forschung, der Verkaufsehrgeiz, das Streben nach Reichtum, Wettkämpfe, Sport: Es sind alles letztendlich nichts weiter als Spielereien. Und so verleben wir unsere Zeit bis zum Tode in einem ständigen Vertauschen unserer Spielzeuge und Spielereien.

Zazen dagegen ist völlig ohne jede Spielerei, es ist die Realität des Seins des auf sich selbst zurückgeworfenen Selbst. Dies entspricht dem Moment vor unserem Tode, in dem wir sämtliche Spielereien aufgeben müssen.

Aber natürlich suchen wir auch beim Zen-Üben nach irgendeinem Spielzeug, nach irgendeiner Art herumzuspielen. Und genau deswegen würde für uns etwa der *Kyosaku,* wenn er auftauchte, zu einem Spielzeug und wir würden das Auf-Sich-Selbst-Zurückgeworfensein unseres Selbst verlieren. Deshalb gehe ich nicht mit dem *Kyosaku* herum.

Was passiert aber, wenn nun jemand bei diesen *Sesshin* müde wird? Da der *Kyosaku* normalerweise zum Wachhalten der schläfrigen Leute eingesetzt wird, müssten diese doch eigentlich einschlafen, wenn er in Antai-ji fehlt.

Diese Sorge ist unbegründet. Auch wenn manch einer mal einnickt, gibt es wohl niemanden, der alle siebzig Stunden des Fünf-Tage-*Sesshin* hindurch schliefe. Ich habe keinen Zweifel daran, dass irgendwann jeder mal wieder die Augen aufschlagen wird. Ohne diese Kontrollen üben wir in total eigener Verantwortung. Zazen ist keine spirituelle Praxis, die uns irgendjemand zu tun heißt, sondern etwas, das wir als auf uns selbst zurückgeworfenes Selbst ganz für uns alleine tun.

Es gibt auch Leute, die sich, bei offenen Augen, aus reiner Langeweile vornehmen, über dies und jenes nachzudenken und sich dadurch zu amüsieren und die Zeit zu vertreiben. (Obwohl die spirituelle Praxis eigentlich eine rein persönliche Sache des Einzelnen ist, muss ich doch sagen, dass diese Haltung, einfach nur irgendwie die Zeit herumbringen zu wollen, geradezu an Unsinn grenzt. Aber es scheint immer wieder solche Leute zu geben.) Wenn das Hirn eines solchen Menschen grundsätzlich in Ordnung ist, wird er in der Wortlosigkeit des *Sesshin* auf Dauer unweigerlich verrückt zu werden glauben. Das liegt einfach daran, dass ein normaler Kopf unmöglich den Kampf mit seinen wilden Phantasien ertragen kann, wenn er sich ihnen längere Zeit überlässt. So betrachtet ergibt sich fast selbstverständlich, dass das Loslassen der Phantasien und das achtsame Bemühen um die rechte Haltung des Zazen am angenehmsten ist.

Wir sind also in unserem *Sesshin*, ohne irgendwelche äußeren Zwänge, im bloßen Sitzen als auf uns selbst zurückgeworfenes Selbst ganz an diese Form des Nur-Selbst gebunden.

Dass auch ich als *Dôchô* zur Wand hin und nicht den anderen Übenden zugewandt meditiere, geschieht, um eine Verbindung des Beobachtens und Beobachtet-Werdens auszuschalten. Würde ich mich in der Absicht hinsetzen, die anderen Übenden zu beobachten, so würde ich dabei mein eigenes Zazen völlig aus den Augen verlieren. Außerdem würden die anderen Übenden in dem Bewusstsein des Beobachtet-Werdens üben, woraus ein von außen abhängiges Zazen entstünde, ein Zazen, dass nicht mehr das eines auf sich selbst zurückgeworfenen Selbst wäre. Ich muss mein ganz eigenes Zazen genau so praktizieren, wie jeder andere auch sein Nur-Selbst-Zazen zu praktizieren hat.

Aber da während dieser Form des *Sesshin* keinerlei Erklärungen mehr gegeben werden, ist es wichtig, im Voraus die geistige Grundhaltung des rechten Zazen des Nur-Selbst vollständig zu begreifen. Dazu sollte man sich – bevor man zu üben beginnt – sehr genau und bis ins Detail klar machen, was Zazen bislang für einen bedeutet hat – und ein gründliches Buch über Zazen lesen. Dies ist ein solches Buch!

Allerdings kann es auch sein, dass – anders als diejenigen, die bislang schon Zazen geübt haben – viele von denen, die mein Buch lesen und dadurch auf die Idee kommen, Zazen zu üben, vielleicht ein eher intellektuelles Interesse am Verständnis des Zen haben. Gerade diese rationalen Menschen möchte ich aber in der komplett wort- und stimmlosen Zazen-Praxis die Erfahrung machen lassen, dass Zazen ganz ohne intellektuelle Theorien und vielmehr pure Praxis ist.

3.2. Jenseits von Zeit, jenseits von Kraft

Natürlich treten, jenseits von allem Theoretisieren, infolge unserer oben beschriebenen *Sesshin*-Praxis in Antai-ji unterschiedliche Erfahrungselemente auf. Auf diese möchte ich im folgenden Kapitel etwas näher eingehen.

Eine Erfahrung, der sich wohl niemand entziehen kann, der an einem solchen *Sesshin* teilnimmt, ist das Gefühl, dass die Zeit sich unendlich lang dehnt. Der Zen-Ausdruck *Die Tage sind so lang wie die eines Kindes* versucht genau dieses Gefühl wiederzugeben.

Normalerweise vergeht für uns dagegen ein halber oder sogar ein ganzer Tag beim Gespräch mit Freunden oder beim Fernsehschauen etc. wie im Fluge. Wenn wir dagegen nunmehr den ganzen Tag bloß sitzen und Zazen üben, vergeht uns die Zeit nicht so leicht. Die Beine tun uns weh, wir langweilen uns zu Tode und es gibt einfach nichts, um damit die Langeweile zu zerstreuen.

Das heißt, dass uns in dieser Zeit der puren *Realität des Seins* nichts als unsere Achtsamkeit bleibt.

Während des *Sesshin* ist der erste Schlag der Glocke das Signal, sich wieder bewegen zu dürfen. Beim zweiten Schlag stehen wir dann auf, um mit *Kinhin* zu beginnen. Und es gibt wohl niemanden, der an solchen Punkten nicht unwillkürlich einmal denkt: *„Oh Mann, mir kommt das Zen schon zu den Ohren raus ...“,* der frustriert ist, dass gerade erst der Vormittag des zweiten Tages ist und er noch nicht mal die Hälfte des *Sesshin* hinter sich hat.

Wie zum Teufel aber soll man dann die Zeit danach weiter überstehen?

Wenn wir einmal diesen Punkt erreicht haben und es uns dann nicht gelingt, die Zeit zu vergessen und hinter uns zu lassen, können wir das *Sesshin* nicht durchhalten.

Wenn es uns aber doch gelingt, an diesem Punkt die Zeit hinter uns zu lassen, haben wir wirklich die Sphäre der Realität des Seins betreten.

Zeit, die auf Japanisch *Toki* heißt, ist mithin ein überaus bedeutungsbeladener Begriff. Das Wort *Toki* kommt sprachgeschichtlich von *Toshi*, was soviel wie Schnelligkeit bedeutet. So gesehen existiert Zeit eigentlich nur aus dem Vergleich mit der Schnelligkeit einer Bewegung heraus. An einem Punkt aber, wo kein solcher Vergleich möglich ist, wo nur das auf sich selbst zurückgeworfene Selbst geblieben ist, sind Schnelligkeit und Zeit transzendiert worden.

In einem solchen Fall würde der Zazen-Übende nicht mehr an die Zeit noch daran denken, ob die Übung lang oder kurz ist, sondern einfach beim dreimaligen Schlagen der Glocke mit dem Sitzen, beim zweimaligen Schlagen mit dem *Kinhin,* beim dreimaligen Glockenton wieder mit dem Sitzen beginnen und in einer Haltung des *Nur jetzt* das *Sesshin* fortsetzen. Dabei vergehen die fünf Tage und man merkt erst, wenn das *Sesshin* plötzlich vorüber ist, dass man vorher beim Zazen die Zeit total vergessen hatte.

Allerdings kann der Ausdruck: „*Ich habe beim Zazen total die Zeit vergessen"* auch sehr leicht zu einem Missverständnis führen. Passender wäre es eigentlich, wenn wir sagen würden, dass die fünf Tage gewissermaßen *jenseits* von uns vergangen sind, während wir in einer Haltung des *Nur jetzt* Zazen und *Kinhin* geübt haben. Dieses Phänomen lässt sich jedoch leider kaum durch Worte beschreiben, sondern eigentlich nur durch eigene Erfahrung wirklich begreifen. Es handelt sich dabei nämlich um eine Erfahrung, die uns erfassen lässt, was letztendlich die Zeit bzw. was jenseits von Zeit ist. Üblicherweise denken wir doch immer, dass wir innerhalb der Zeit leben, während diese Erfahrung uns nun ermöglicht zu sehen, dass in Wirklichkeit die Realität unseres Selbst die Erscheinung der Zeit hervorbringt.

Es kann weiterhin sein, dass es uns schrecklich ankommt, während des Zazen durchgängig unsere Beine verschränkt zu halten und uns nicht zu bewegen, wenn wir an unser sonstiges Leben voller Bewegung denken. Würden wir während unserer *Sesshin* nun aber denken: *„Zazen ist grausam!“*, *„das halte ich nur durch, wenn ich mich selbst fertigmache!“* oder ähnliches, dann könnten wir unmöglich die fünf Tage durchstehen und dabei noch vernünftiges Zazen üben. Ein oder zwei, vielleicht auch noch vier oder fünf Stunden könnten wir uns vielleicht zwingen durchzuhalten, aber wenn es darum geht, einen ganzen Tag zu sitzen oder gar ein Fünf-Tage-*Sesshin* durchzustehen, kann das auf keinen Fall durch Kraft und Zwang gelingen. Dies liegt daran, dass wir mit unserem Durchhalten und unserem Selbstzwang nur unsere Anlage zur Abhängigkeit von Anderen untermauern würden. Deshalb ist es für unsere *Sesshin* wichtig, speziell solche Gedanken wie *„Oh, wie grausam“* oder *„ich bezwinge mich“* oder *„ich halte durch“* etc. loszulassen. Sodann tauchen wir ganz in ein Zazen des *Nur jetzt* und *Das Selbst lässt das Selbst Selbst sein* ein und überlassen uns in Unbeweglichkeit völlig dieser Haltung. In diesem Falle vergeht dann die Zeit gewissermaßen jenseits von uns. Das heißt also, wenn wir schließlich Gedanken wie *„Zen ist grausam“* und *„ich zwinge mich jetzt da durch“* aufgeben, dann können wir unser *Sesshin* geruhsam und friedvoll durchführen.

Diese Erfahrung ist insofern von überaus tiefer Bedeutung, als uns durch sie unweigerlich klar wird, was es heißt, wenn wir in der Praxis eines *Sesshin* einmal von destruktiven Gedanken frei werden.

Dadurch bringt diese Erfahrung nämlich auch eine entscheidende Kraft für unseren Alltag hervor. Gemeint ist, dass wir dann seltener glauben werden, von schrecklichen Umständen verfolgt zu sein, wenn in unserem Alltag einmal verschiedene Widrigkeiten und Unglücksfälle auftreten –

einfach nur deshalb, weil wir uns nicht so sehr in diese verstricken. Dies wird klarer, wenn wir uns einmal andere Leute ansehen. Wenn jemand anderes in eine Widrigkeit gerät, lässt es sich als Beobachter immer leicht sagen: „Es klappt nicht, weil er sich verstrickt; es wäre gut, wenn er einmal innehielte", denn für den Außenstehenden ist es immer leicht, Ruhe zu bewahren.

Nach der *Sesshin*-Erfahrung sind wir nun aber auch für uns selbst in der Lage, zu sehen, dass es vielleicht besser wäre, wenn wir einmal stille hielten, um uns nicht noch weiter zu verheddern, selbst wenn wir in eine missliche Situation geraten.

Wie kommt man nun aber dahin, innezuhalten und sich nicht immer weiter zu verstricken?

Dies kann einzig dann gelingen, wenn wir Gedanken wie „*Mir geht's mies*" oder „*ich zwinge mich*" ein für allemal aufgeben.

Während unserer *Sesshin* können wir erfahren, was es heißt, solche Gedanken loszulassen und aufzugeben.

Damit sind unsere *Sesshin* nicht nur eine Praxis jenseits der Unterscheidung von *eigener Kraft* und *fremder Kraft*, sondern auch eine Praxis jenseits von Selbstzwang und Kampf.

3.3. Die Szenerie des Lebens

An dieser Stelle muss ich noch einen weiteren Aspekt unserer *Sesshin*-Erfahrung einbringen.

In irgendeinem September kamen Herr J. und Herr F., zwei Amerikaner, die schon mehr als ein Jahr an den *Sesshin* in Antai-ji teilgenommen hatten und gut Japanisch sprachen, in mein Zimmer, um mich zu fragen: „Muss nicht eigentlich, wenn man Zazen übt, unweigerlich *Satori* eintreten?"

„Tja, auch in Japan denkt jeder, wenn man von Zen spricht,

gleich an *Satori,* und wenn man von *Satori* spricht, gleich an Zen, aber eigentlich ist es mit diesem *Satori* nicht so einfach. Es wäre deshalb besser, wenn wir dieses Wort nicht in den Mund nähmen. Das hängt damit zusammen, dass *Satori* für gewöhnlich dem Verwirrtsein gegenübergestellt wird. *Satori* wird also als das konträre Konzept zu Verwirrtsein gedacht. Dies ist dann nichts anderes als eine Unterteilung durch den gewöhnlichen Geist und reduziert sich auf dessen Niveau.

Es ist aber keineswegs dasselbe wie Shakyamuni Buddhas *Satori.* Denn Shakyamuni wird nachgesagt, er habe, nachdem er *Satori* erlebt hatte, ausgerufen: „In dem Moment, in dem ich meinen Weg vollendet habe, werden auch alle Berge, Flüsse, Gräser und Bäume zu Buddhas werden." Das *Satori* Shakyamunis war für ihn also keine Privatangelegenheit, sondern ein *Satori,* das die gesamte Existenz mit einschloss. Und dies überschritt eindeutig die Einteilungen des gewöhnlichen Geistes. Auch im *Hannya Shingyô* heißt es: *„Ohne Werden, ohne Vergehen, ohne Schmutz, ohne Reinheit, ohne Zunehmen, ohne Abnehmen."* Damit ist gemeint, dass Werden und Vergehen, Schmutz (Verwirrtsein) und Reinheit *(Satori)* sowie Zu- und Abnehmen (Geben und Nehmen) überschritten worden sind. Dies stellt die Verwirklichung der Realität des Seins dar, jenseits der Unterscheidung von Ich und Du, von Verwirrtsein und Erleuchtung.

Wenn wir demgegenüber als Ergebnis unserer spirituellen Praxis ein *Satori* erlangen, mit dem wir uns brüsten: *,Ich bin erleuchtet!',* dann handelt es sich dabei eindeutig um eine ichzentrierte Angelegenheit, um etwas, das sich aus den Bewertungen des gewöhnlichen Geistes ergibt und das nicht jenseits von Ich und Du, jenseits von Verwirrtsein und Erleuchtung liegt. Dies hat auch Dôgen Zenji im *Shôbôgenzô* zum Ausdruck gebracht*: ,Existieren vor dem* Satori *zu viele Gedanken, wird dieses, wenn es eintritt, nichts wert sein. Nur wenn vor dem* Satori *keine Gedanken sind, wird dieses die* *reine Kraft des* Satori *entfalten. Wir müssen wissen, dass es keine Verwirrtheit und dass es kein* Satori *gibt.'"*

Daraufhin sagte Herr F.: „Aber es gibt doch Zeiten, in denen wir es einfach nicht verhindern können, dass ein Gedanke nach dem anderen auftaucht und wir diesen nachhängen, auch wenn wir versuchen, alle Aufmerksamkeit auf die Haltung des Zazen zu lenken. Dann wiederum gibt es Phasen, in denen überhaupt keine Gedanken aufkommen und wir wirklich in tiefer Ruhe sind. Kann man denn diesen Zustand nicht *Satori* oder Erleuchtung nennen?"

Ich antwortete: „Wenn man *Sesshin* auf unsere Art und Weise durchführt, gelangt man oft in solch wechselnde Zustände. Wenn wir jetzt aber die Phasen, in denen wir nicht anders können als unseren Gedanken nachzuhängen, „Verwirrtsein" nennen, diejenigen Phasen, in denen wir in tiefer Ruhe Zazen üben, dagegen *„Satori"*, wäre das schließlich nicht viel anders als wenn wir die Änderungen von Temperatur oder Luftdruck messen. Während der übers Jahr verteilten *Sesshin* in Antai-ji tritt das unterschiedlichste Wetter auf, selbst während der fünf Tage eines einzigen *Sesshin* kann es sich verschiedentlich verändern. So beginnen wir auf natürliche Weise zu verstehen, wie sich im Jahreslauf mit der Veränderung der Temperatur und des Wetters in einer Wechselwirkung auch unser seelischer Zustand verändert. Zum Beispiel bei schwüler Hitze, wo es uns vorkommt, als würde es in unserem Kopf brodeln, kochen und gären; wenn dagegen die Luft trocken ist und gegen Abend ein frisches Lüftchen aufkommt, wird der Kopf klar und wir können uns ganz dem Zazen widmen. Dies sind beides letztlich nur Geisteszustände, die auf Temperatur- und Klimaschwankungen zurückgeführt werden können. Da es aber natürlich beim Sitzen vor allem darum geht, dass wir uns bemühen, uns vollkommen dem Zazen zu widmen, kann man selbstverständlich nicht sagen, der eine Zustand sei gutes Zazen und der andere nicht.

Beim Zazen ist es schlichtweg wichtig, dass man Zazen sitzend in der Bemühung um Zazen verwirklicht. Wenn man auf diese Weise, Zazen verwirklichend, dasitzt, sind diese Geisteszustände nur mehr die Szenerie, die Landschaft des Zazen.

Nachdem Sie bereits seit über einem Jahr hier zum Zazen und zu den *Sesshin* kommen, verstehen Sie dies doch bestimmt bis zu einem gewissen Punkt, oder?"

Nachdem Herr J. und Herr F. sich noch ausgiebig über meinen Vergleich von *Satori* und *Verwirrtsein* mit den Schwankungen des Klimas amüsiert hatten, gingen sie auf ihre Zimmer zurück.

Zwei oder drei Tage später fing dann das September-*Sesshin* an. Da es Anfang September noch sehr heiß ist, ist dieses *Sesshin* nur drei Tage lang. Erwartungsgemäß waren denn auch besonders die ersten beiden Tage schwülheiß, und wir übten vollkommen in Schweiß gebadet. Am Morgen des dritten Tages jedoch kam plötzlich ein frischer Wind und die erste Ahnung des Herbstes auf und wir konnten unser *Sesshin* sehr angenehm zu Ende bringen. Nachdem das *Sesshin* vorüber war, tranken wir wie immer zusammen Tee. Bei dieser Gelegenheit nahmen Herr F. und Herr J. wie aus einem Munde Bezug auf unser vorhergegangenes Gespräch: „Wir konnten wirklich die Erfahrung machen, dass *Satori* und Verwirrtheit den Schwankungen der Temperatur und des Klimas entsprechen, genau wie Sie gesagt haben."

Ich habe dies wahrscheinlich deshalb so gut in Erinnerung behalten, weil es auch für mich in jenem September so eindrücklich gewesen ist, dass wir noch gerade vor dem *Sesshin* dieses Gespräch hatten, und dass uns dann die Wetterschwankung genau in diesem *Sesshin* diese Erfahrung so nachdrücklich machen ließ.

Hier wird klar, dass die Welt in der wir leben, nicht eine von unseren eigenen Gedanken und Überlegungen getrennte

Wesenheit ist, sondern dass sie vielmehr eine unmittelbar mit unseren Gedanken und Vorstellungen verschmolzene Phänomenologie ist. Das bedeutet auch, dass die sich in meinen Gedanken und Vorstellungen abbildende Welt nur als eine eigenständige Welt erscheint. Denn letztendlich ergeben sich meine Gedanken und Ideen natürlich aus meinem Geisteszustand, welcher wiederum mit meinem physischen Zustand in Zusammenhang steht. Aus diesem Grund bin ich etwa auch bedrückt, wenn ich irgendein körperliches Problem habe. Und in Zeiten, wo ich nicht heiter zu sein vermag, ist auch meine Lebenshaltung düster, wodurch mir dann schließlich auch meine Lebensumwelt düster erscheint. Wenn ich dagegen vor Gesundheit strotze, wird auch mein Geist heiter und mir erscheint mein Leben und meine Umwelt freundlich und positiv.

Allerdings hat freilich auch meine Lebensumwelt einen ganz entscheidenden Einfluss auf das, was ich hier meinen physischen Zustand genannt habe. So zum Beispiel die besagten Klima- und Temperaturschwankungen.

Genau diese Zusammenhänge lassen sich, jenseits irgendwelcher Ablenkungen, in der Kontinuität unserer *Sesshin* in Antai-ji sehr deutlich und direkt erfahren.

Es ist wichtig zu sagen, dass man sich währenddessen zwar um eine Haltung bemüht, in der man sich unbedingt auf das Erwachen und Erkennen konzentriert, nicht aber darum, dass etwa keinerlei Gedanken fließen. Was *Zazen und damit basta!* meint, ist vielmehr, dass wir, während wir uns die beschriebenen Verflechtungen ruhig und gelassen betrachten, uns nicht in diese verstricken, sondern einfach weiter konzentriert Zazen sitzen.

In unserem Leben gibt es heitere und bewölkte Tage, Regen- und Taifuntage. Da diese Schwankungen nicht von uns selbst aus eigener Kraft hervorgebracht, sondern von der Natur erzeugt sind, ist es aussichtslos, sich zwanghaft gegen einen bewölkten Tag aufzulehnen, um ihn sich dadurch aufheitern zu lassen. Dass heitere Tage heiter, regnerische Tage regnerisch und bewölkte Tage bewölkt sind und dass selbstverständlich physische Gegebenheiten Geisteszustände und Gedanken mit sich bringen, ist das, was ich mit der *Realität des Seins* meine. Als ein Meistern des Lebens kann es deshalb gelten, wenn wir diese Gegebenheiten einfach so sein lassen und ruhig als die Landschaft unseres Lebens betrachten können, ohne uns ganz darein zu verstricken.

In unseren *Sesshin* verhält sich das genauso. Wie ich im Kapitel 2.3. ausgeführt habe, üben wir Zazen, indem wir uns um die Einhaltung der Geraden Z – Z1 bemühen. Wir können uns jedoch nicht eigentlich auf diese Gerade fixieren, da wir permanent dazu neigen, von ihr abzuweichen und ihre Verwirklichung nur aus diesem Abweichen heraus in Angriff nehmen. Gerade dieses Verwirklichen der Geraden Z – Z1 ist aber die eigentliche Haltung des Zazen, während all die verschiedenen Gedanken, die uns von ihr abweichen lassen, die *Szenerie des Zazen* bilden. Gehen wir aber zu Zeiten einmal voll und ganz in der Geraden Z – Z1 auf, so gehört auch dies zur Szenerie des Zazen.

Außerdem kann man nicht sagen, dass es sich um ein tolles *Satori* handelt, wenn keinerlei Gedanken fließen. Noch auch, dass schlimme Verwirrtheit vorliegt, wenn oft Gedanken auftreten und man diesen nachhängt. Vielmehr geht es darum, jenseits von Gut und Schlecht, von *Satori* und Verwirrtheit einfach Zazen zu sitzen.

Bei Rinzai Zenji finden sich folgende Worte: „*Auch wenn zehn verschiedene Buddhas auftreten, ist da keine Freude. Auch wenn sich die Hölle öffnet, ist da keine Furcht.*"

Für Rinzai Zenji ist also selbst das Erscheinen aller Buddhas der drei Welten kein Grund zur Freude und selbst die Konfrontation mit der Hölle kein Grund zur Furcht. Wenn sich Rinzai Zenji vor der Erscheinung der Hölle nicht fürchtet, dann nicht darum, weil es diese in seinen Augen etwa nicht gäbe, sondern weil für ihn die Hölle als Hölle in Wirklichkeit nur eine Szenerie darstellt, die von der Erscheinung der Buddhas der drei Welten verschieden ist. Worauf wir hier achten sollten, ist, dass Rinzai Zenji sowohl die Erscheinung der Buddhas als auch die Eröffnung der Hölle als Landschaft des Lebens anzusehen vermag. Das heißt, dass selbst so etwas scheinbar Großartiges nur mehr zur Landschaft unseres Zazen gehört.

Ich gehe eigentlich davon aus, dass wir in Antai-ji damit fortfahren werden, wie seit ungefähr zehn Jahren jeden Monat die beschriebenen *Sesshin* und außerdem jeden Morgen und Abend unsere Zazenpraxis mit einer recht stattlichen Zahl von japanischen Mönchen durchzuführen. Das bedeutet, dass wenn wir noch zehn Jahre so weitermachten, manche Praktizierende, die jetzt erst in ihren Zwanzigern sind, bereits dreißig geworden sein würden. Ich halte es für ausgesprochen bedeutsam, dass sie sich gerade in dieser schwierigen, leidvollen Zeit zwischen Zwanzig und Dreißig an einen Lebensstil halten, der unverfälscht ist und sie nicht von sich selbst ablenkt. Denn in Antai-ji gibt es weder Radio noch Fernsehen noch auch sonst irgendwelche Zerstreuungen. Es scheint klar, dass jemand, der die Zeit zwischen Zwanzig und Dreißig damit verbringt, Zazen zu sitzen, meist recht klar überschauen kann, wer er ist. Natürlich taucht während dieser zehn Jahre eine Vielfalt von Leiden auf. Wahrscheinlich wird diese zehn Jahre aber nur durchhalten können, wer in seinem Sitzen versteht, sich nicht völlig von diesen Problemen auffressen zu lassen, sondern lernt, sie als die Landschaft seines persönlichen Lebens anzusehen. Diejenigen, die diese zehn Jahre wirklich dabeibleiben, werden nicht mehr aus der Abhängigkeit von anderen, sondern aus der wahren Realität ihres Seins zu leben verstehen. Dies liegt auch daran, dass das Leben in Antai-ji nicht nur ein Leben des Zazen ist, sondern auch eines, in dem man den Wert seines individuellen Lebens zwischen den anderen vielleicht nicht immer sehen kann. Dies wird man kaum aushalten können, wenn man ihn nicht in sich selber zu erkennen vermag.

Für uns ist es deshalb wichtig, dass wir jede Zazen-Sitzung, jedes Fünf-Tage-*Sesshin* und schließlich die gesamten zehn Jahre in einer Haltung praktizieren, in der wir die Realität unseres Selbst leben.

4. Das Selbst des Zen-Adepten

4.1. Das ganze Selbst

Da unser Zazen immer bedeutet, dass *unser Selbst unser Selbst unser Selbst sein lässt,* habe ich bis hierhin die Praxis dieses Zazen als die eines auf sich selbst zurückgeworfenen Selbst beschrieben.

Wenn man nun aber, jenseits der Abhängigkeit von anderen und auf sich selbst zurückgeworfen, Zazen übt, ignoriert man dann nicht irgendwann die anderen und die Gesellschaft, hat man sich dann nicht irgendwann, in einer Flucht in die Abgeschlossenheit oder Selbstbeweihräucherung, in seine eigene kleine Muschel verschlossen?

Wie könnte unsere Haltung aber wohl aussehen, wenn wir uns nicht in die Flucht völliger Abgeschlossenheit oder in die Selbstherrlichkeit hineinbegeben, sondern durchaus in Beziehung zur Gesellschaft oder zu anderen bleiben?

Dass diese Frage aufkommt und sich uns stellt, halte ich für selbstverständlich. Vor allem mag sie für solche zum Zazen Entschlossenen zu einem existentiellen Problem werden, die nach der Lebensweise eines aufrichtigen Menschen streben.

Das Problem ist hierbei viel grundsätzlicher und wir müssen von diesem Selbst/Andere-Gegensatz aus einen Schritt weiter gehen, um die Frage in *„Was bedeutet eigentlich das Selbst für den Zenadepten?"* umzuformulieren.

Wenn wir an dieser Stelle das Selbst und besonders das Verhältnis Selbst/Andere neu betrachten, dann treffen wir dabei zum ersten Mal auf ganz grundsätzliche Lehren des Mahâyâna-Buddhismus. Weiterhin wird der wirkliche Sinn und die wirkliche Haltung unseres Zazen-Übens klar werden. Dies beinhaltet, dass es dabei um ein Zazen in einer wirklich buddhistischen Dimension geht. Natürlich sollte prinzipiell die gesamte Lehre des Buddhismus den Hintergrund für unser

Zazen bilden. Vor dem Hintergrund des Buddhismus soll jedoch stets auch das Leben des Einzelnen im Mittelpunkt stehen. Darum müssen wir unsere Abhandlung über das Zazen unbedingt bis zu diesem Punkte vertiefen.

Fangen wir also einfach mit dem Problem Selbst/Andere an: Was ist denn der/das Andere vom Standpunkt des Selbst aus? Für gewöhnlich denken wir doch, dass das Selbst dem Anderen gegenüber als Selbst und das der Andere dem Selbst gegenüber als der Andere besteht. Was bedeuten soll, dass das, was wir normalerweise *Ich* nennen, eine im Verhältnis zu anderen, gewissermaßen von außen bestimmte Kategorie ist, also ein Ich, das *nicht der Andere* ist. Demgegenüber ist der Andere stets eine vom Ich her betrachtete und bestimmte Kategorie, also ein Anderer, der *nicht Ich* ist.

Es ist klar, dass wenn wir das Selbst und den Anderen in einem solchen Antinomieverhältnis sehen und dann die Beziehung zu anderen weitgehend unterbrechen, nichts anderes bleiben kann, als die Flucht in die Abgeschlossenheit und die Selbstherrlichkeit. Denn wenn wir im Verhältnis zu anderen stehen und gleichzeitig vor dieser Tatsache die Augen verschließen, werden wir unweigerlich rechthaberisch.

Aber mit unserem Zazen tun wir etwas ganz anderes. Dies liegt daran, dass der Gegensatz zwischen *Ich* und den *Anderen* nur aus dem Denken heraus besteht und wir im Zazen ja gerade dieses Denken loslassen sollen. Folglich treibt mit den Gedanken gleichzeitig auch dieser Gegensatz davon.

Wenn wir aus dem Gegensatz Ich/Andere herauskommend diese Wechselbeziehung immer mehr loslassen, kann auch von *Ich* bald nicht mehr die Rede sein. Zen gibt ein Selbstbewusstsein im Sinne einer äußerlichen Kategorisierung vollständig auf, um sich der Verwirklichung des Selbst als Realität des Seins zuzuwenden. Ist man sich des Selbst auf diese Weise bewusst, erfährt man sich auf höchst lebendige Art und Weise, auch ohne sich mit Klassifikationen zu versehen.

Obwohl wir hier den Begriff des auf sich selbst zurückgeworfenen Selbst verwenden, ist natürlich nicht von einem Selbst die Rede, das sich im Kontakt mit anderen nur negativ (als Nicht-Anderer) definiert, sondern vielmehr von einer Verwirklichung des auf sich selbst zurückgeworfenen Selbst als der Wirklichkeit des Seins. Es handelt sich deshalb beim Selbst weniger um ein festgefasstes Konzept als vielmehr um den Inhalt des Erkennens und Erwachens und darum, dass das, was wir als Realität zu verwirklichen suchen, nichts anderes ist als die Wirklichkeit des Seins unseres Selbst.

Trotzdem wird aber natürlich das Verhältnis Ich/Andere durch diese Anschauung der Dinge nicht vollständig aufgelöst. Allerdings ist das Verhältnis Ich/Andere, das sich aus dem Zazen ergibt, von dem gewöhnlichen recht verschieden. Wenn Sie fragen, auf welche Weise es sich unterscheidet, will ich Ihnen folgende Geschichte erzählen, die sich in der Edô-Zeit zugetragen hat: Hinter einem Tempel gab es ein Kürbisfeld. Viele Kürbisse wuchsen dort. Aber eines Tages entbrannte ein Streit zwischen den Kürbissen und sie spalteten sich in zwei Fraktionen und es gab ein Riesen-Gezeter und Gelärme. Der Mönch des Tempels begab sich zu dem Feld, um nach dem Grund des Lärmens zu sehen und fand dort die Kürbisse im Streit vor. Da schrie der Mönch aus vollem Halse: „RRAAA!!! Kürbisse!!! Verdammte streitende Nichtsnutze. Übt gefälligst alle Zazen! Legt die Beine so zusammen, richtet die Hüfte auf, streckt den Rücken und den Nacken." So zeigte ihnen der Mönch die Übungsweise des Zazen. Und während die Kürbisse übten, wie es der Mönch ihnen gezeigt hatte, kühlte ihr Hitzkopf allmählich ab und sie wurden ruhig und ausgeglichen. Daraufhin sagte der Mönch leise zu ihnen: „So, jetzt fasst Euch mal alle an euren Kopf!" Und als sich nun alle Kürbisse an den Kopf fassten, stellten sie fest, dass sich an ihrer Stirn etwas Merkwürdiges befand: „Eh, was ist denn das an meinem Kopf?", riefen sie, verfolgten das Etwas mit den Händen und mussten dabei feststellen, dass sie alle durch einen Strang verbunden waren. „Oh, das ist ja sonderbar", riefen sie weiter, „wir sind in Wirklichkeit alle miteinander verbunden und leben eigentlich alle nur *ein* Leben. Es ist ein kolossaler Fehler gewesen, uns zu streiten. Es ist genau wie der Mönch gesagt hat." Und von da ab verstanden sie sich blendend.

Natürlich ist es eine Tatsache, dass wir normalerweise mit diesem Ich als kleines Individuum leben. Wir halten diese kleine Individualität in unserem Denken für unser Ich und identifizieren uns mit ihr, obwohl unser Selbst als die Realität unseres Seins eigentlich etwas sein muss, das jenseits dieser begrenzten Individualität liegt.

Wie ich schon gesagt habe: Weder schlägt mein Herz noch fließt das Blut durch meinen Körper noch atme ich aus eigener Willenskraft heraus soundso viel Male pro Minute, sondern es geschieht einfach in mir. Es geschieht aus einer Kraft heraus, die jenseits von meinem Denken wirkt. Wenn ich also sage, dass es eine Kraft jenseits meines Denkens, also nicht meine eigene ist, sondern dass sie nur in mir wirkt, dann kann es sich dabei wohl nur um das Selbst der Realität des Seins handeln.

Dies gilt nicht nur auf der körperlichen Ebene. Auch in meinem Kopf ist ein ständiges Fließen von Gedanken und Bildern, und selbst wenn ich den Inhalt dieser Gedanken und Bilder irgendwie als mein eigenes Denken ansehen kann, muss ich doch zugeben, dass die Kraft, die diese Gedanken hervorbringt, eigentlich meinen Willen übersteigt. Aber auch wenn diese Gedanken von einer Kraft hervorgebracht werden, die meinen Willen übersteigt, ist das, was da in mir wirkt, nichts anderes als das Selbst der Realität des Seins. Anders gesagt ist also das Selbst der Realität des Seins eine Kraft, die zwar jenseits des Denkens meiner begrenzten Individualität liegt, aber nichtsdestoweniger in meiner kleinen Individualität wirkt.

Natürlich verhält sich dies bei Ihnen genauso wie bei mir. Geht man hier weiter, stößt das Ich als begrenztes Individuum bzw. die Idee, dass die verschiedenen Inhalte der Gedanken ureigene Gedanken seien, die in der eigenen Individualität entstanden sind, mit der Vorstellung zusammen, dass Ich und Gedanken eigentlich einer Kraft jenseits des eigenen Denkens, jenseits des eigenen kleinen Ichs entspringen.

Gerade wie in der Geschichte von den Kürbissen, die – als sie einmal tastend dem an ihrer Stirn festgewachsenen Strunk folgten – feststellten, dass sie eigentlich alle aus *einer* Realität des Seins lebten, muss man sagen, dass letztendlich alles aus der einen vereinten großen Kraft des Seins heraus lebt.

Durch das Loslassen der Gedanken im Zazen können wir zur Realisierung der der Gesamtheit allen Lebens zugrunde liegenden Realität des Seins gelangen. Wenn wir nur innerhalb der Gedanken unseres kleinen, beschränkten Ichs leben, erfahren wir den Anderen, der für uns nicht Ich ist im Gegensatz zu uns. Wenn wir aber unsere Gedanken loslassen und die jenseits der Gedanken wirkende Realität des Seins begreifen und verwirklichen, erkennen wir, dass wir als ein Selbst leben, das eigentlich eins ist mit allem, was lebt – ungetrennt von allem anderen, was ist.

Hierfür gibt es in der Zen-Tradition übrigens Ausdrücke wie: ursprüngliches Selbst *(Honrai no jiko)*, Selbst aller zehn Welten *(Jinjippôkai-jiko)*, Selbst der ganzen Welt *(Jindaichi-jiko)* oder allumfassendes Selbst *(Jinissai-jiko)*.

Jedenfalls aber lebt jeder von uns, ob er diese Dinge nun begreift oder nicht, ob er sie realisiert und verwirklicht oder nicht, ausnahmslos aus diesem *ganzen Selbst*. Und man kann wohl behaupten, dass Shakyamuni Buddha aus dem Begreifen dieses *ganzen Selbst* heraus sprach, als er nach seiner Erleuchtung sagte: *„In dem Moment, in dem ich meinen Weg vollendet habe, werden auch alle Berge, Flüsse, Gräser und Bäume zu Buddhas werden."*

4.2. Das Meistern der Realität

Gerade zuvor habe ich gesagt, dass jeder von uns, egal ob er oben Gesagtes nun begreift und realisiert oder nicht, ausnahmslos aus dem *ganzen Selbst* heraus lebt. Ich habe es wiederholt, weil es so außerordentlich bedeutsam ist und wir für gewöhnlich völlig um die Gedanken unseres kleinen individuellen Ichs kreisen und uns mit dieser kleinen Individualität identifizieren, obwohl es nicht unser wahres Selbst ist. (Bitte beachten Sie, dass ich hier die Begriffe *Ich* und *Selbst* verschieden belege.)

Vom Standpunkt der Realität des Seins aus, also jenseits unserer beschränkten Individualität, lebt das Selbst als grundlegende Wirklichkeit aus der Ungeteiltheit von allem, was lebt und existiert, aus der Verbundenheit allen Seins. Demgegenüber verlieren wir, in den Gedanken unseres beschränkten Ichs, diese Realität des ganzheitlichen Selbst vollständig aus den Augen. An dieser Stelle tritt nun durch das Loslassen der Gedanken diese Realität des Seins unverfälscht hervor und wir können unmittelbar aus ihr heraus leben (Erwachen und Erkennen sowie Ohne-Denken-Sein). Nichts anderes ist Zazen!

Hier tritt diese grundlegende Beschaffenheit durch die Zazen-Praxis erstmalig zutage. Die Grundhaltung des Mahâyâna-buddhistischen Zen ist ja auch nicht, dass durch die Zazen-Praxis ein irgendwie neu geartetes künstliches Ich hergestellt werden solle. Auch dass das Leiden sich immer mehr verdünne und schließlich total aufhöre, wird nicht anvisiert. Weiterhin stehen auch weder besondere mystische Erlebnisse noch ein *Satori* zu erwarten, das ein für alle Mal alles verändert und verbessert. Als wahrer Mahâyâna-Buddhismus lässt Zen bis zum Ende ausschließlich das Selbst wahrhaftig das Selbst sein. Es lässt das Sein schlichtweg wahrhaftig *sein*, das Leben einfach wahrhaftiges Leben sein.

Es ist, als wenn wir zwar Augen hätten, diese aber zukneifen und ausrufen würden: „In dieser Welt ist es stockfinster!" Dann könnte man auch nicht behaupten, dass wir wirklich die Realität des Seins lebten. Wenn wir aber unsere Augen öffnen, sehen wir das Gleißen des Sonnenlichts.

Öffnen wir nun auf gleiche Weise unsere Augen für das Leben, erkennen wir, dass wir im strahlenden Licht des Lebens leben. Wenn wir also jetzt Zazen üben, öffnet sich uns durch das Loslassen unserer Gedanken der Blick für das lebendige Sein des *allumfassenden Selbst (Jinissai-jiko),* das sonst durch die Gedanken unseres kleinen Ichs umwölkt und verhangen ist.

Halten wir jetzt die Realität unseres kleinen individuellen Ichs für das *allumfassende Selbst* und üben wir diese Realität des Seins in der Praxis (Zazen), dann handelt es sich bei der Haltung des Zazen um wahrhaftigen Buddhismus. Dieses Zazen nennt man „das Zazen des Meisterns der Realität", da es die Realität des Seins des allumfassenden Selbst praktiziert.

Allerdings muss aus buddhistischer Sicht noch etwas zu dem eben erwähnten Glauben gesagt werden. Normalerweise gebrauchen wir das Wort *glauben* in dem Sinne, dass wir etwas für wahr und wirklich halten, das wir gehört haben. Im religiösen Kontext bezieht sich *glauben* im Besonderen auf übersinnliche, unsichtbare Phänomene und beschreibt die Akzeptanz von Aussagen wie *„(diesen oder jenen) Gott gibt es!"* oder *„der Mensch hat eine Seele",* oder das Annehmen der Tatsache, dass Menschen existieren, die eine Vermittlerposition zu Gott einnehmen. Im Buddhismus hat *glauben* nicht diese Bedeutung. In der buddhistisch-philosophischen Schrift *Abidatsuma-kusha-ron (Abhidharma-kosha-shastra,* von Vasubandhu) wird folgende Definition gegeben: *„Glauben ist Klarheit-Reinheit."* Im Buddhismus handelt es sich bei *glauben* also nicht darum, die Existenz eines außerhalb des Selbst liegenden Gottes oder einer individuellen Seele zu bestätigen, von der man gehört hat.

Solange wir nicht von einem Punkt jenseits unserer individuellen Gedanken aus ein mit allem verbundenes Leben führen, verlieren wir aber diese Realität des Seins aus den Augen und sind, wie in der Anekdote von den Kürbissen in Kapitel 4.1., immer nur vom Zirkus der Gedanken unseres begrenzten Ichs umgetrieben. Wenn wir aber jetzt, während unseres Zazen, unsere Gedanken loslassen, wird die Realität des Seins unseres *allumfassenden Selbst* klar und rein. Dies ist die grundlegende Bedeutung von Glauben. In diesem Sinne ist deshalb auch die Praxis unseres Zazen als *Glauben* zu bezeichnen.

Normalerweise halten wir aber nur unsere kleine separatistische Individualität für unser Ich und können uns einfach nicht als ein Selbst denken, dass mit der Gesamtheit des Lebens verbunden ist. Im gleichen Maße verlieren wir die wirkliche Realität zu sehr aus dem Blick, und auch wenn wir von uns selbst aus über ein *allumfassendes Selbst* sprechen, so tun wir es, als wäre es nur die Geschichte anderer Leute, die mit uns nicht das Geringste zu tun hätte. Die zweite Bedeutung von *Glauben* ist, dass wir an diesem Punkt ohne Zweifel annehmen können, dass dies alles keineswegs eine Sache von irgendwelchen anderen ist, sondern dass auch wir selbst in Wahrheit ein Leben in Verbindung mit allem anderen leben.

Glauben im Buddhismus bedeutet, in Frage zu stellen, was andere uns sagen und auf einer Ebene jenseits eigener Gedanken wie *„ich denke, dass das stimmt"*, *„ich denke das nicht"*, *„das glaube ich"* oder *„daran zweifele ich"* die Tatsache unangezweifelt zu lassen, dass wir die Realität des ungeteilten Seins leben.

Im *Dai-chido-ron* (Kommentar zum *Mahâprajnâ-pâramitâ-Sûtra* von Nâgârjuna) findet sich der Ausdruck *„in den Ozean des Buddhismus durch den Glauben eintauchen"*. Auch unser Zazen wird erst an der Stelle zu einem wirklich buddhistischen Zazen, wo wir aus dem Glauben an das *allumfassende Selbst* heraus sitzen. *Glaubend Zazen sitzen* und *das das Leben meisternde Zazen* können in diesem Sinne verstanden werden.

Der Begriff des *allumfassenden Selbst,* den ich bis hierher für meine Erklärungen verwendet habe, wurde von Dôgen Zenji im *Shôbôgenzô* noch sehr viel breiter aufgefasst. Sind nicht sogar für unseren Begriff des *allumfassenden Selbst* in den buddhistischen Sûtras und Abhandlungen zahlreiche andere Worte benutzt worden? Versuchen wir, die derzeit im Buddhismus am häufigsten verwendeten und gebräuchlichsten Begriffe aufzureihen, so ergibt sich folgende Liste:

Hosshô (Seinsnatur), *Hosshin* (Manifestation des Seins), *Hokkai* (gesamter Kosmos), *Busshô* (Buddhanatur), *Nyoraizô (buddhagarba* – wörtlich: Gebärmutter des Buddha), *Yuishin* (nur Geist), *Isshin* (der eine Geist), *Funi* (nicht zweigeteilt), *Ichijô* (das eine Gefährt), und so weiter.

Wenn Sie nun einmal daran gehen, buddhistische Schriften zu studieren, und wenn Sie dabei auf diese Begriffe stoßen und sie vor dem Hintergrund der im Zazen erfahrenen und realisierten Wirklichkeit des Seins lesen, so werden Sie erkennen und verstehen lernen, wie Ihr Zazen mit dem Buddhismus verknüpft und inwiefern es Ihnen in Wahrheit vom Buddhismus her geschenkt und nahe gebracht worden ist.

Jedenfalls verwendet der Buddhismus hier eine Vielzahl von Begriffen und versucht die Zusammenhänge mit den verschiedensten Ausdrücken zu erklären. Auch wenn diese teilweise ausschließlich in einzelnen Schulen geprägt und überliefert wurden, ist doch der Kern der Sache stets der Glaube daran, dass unser Selbst, wie eben erwähnt, aus dem alles umfassenden Sein lebt, und dass wir mit unserer Praxis dieses allumfassende Sein zum Ausdruck bringen sollen.

Zum Beispiel gibt es innerhalb des Buddhismus die Lehre vom so genannten *Reinen Land.* Diesem Lehrsystem zufolge existierte in der ewigen und unermesslichen Welt der Vergangenheit ein Mensch namens Hôzôbiku (Dharmakara Bhikshu)*,* der sich dort, seinem eigenen Schwur zufolge, der religiösen Askese unterzog. Sein Schwur besagte, dass er bei Vollendung seiner asketischen Praxis in seinem eigenen Buddha-Werden das grandiose *Reine Land* errichten werde. Das Eintreten in dieses *Reine Land* sollte alle Wesen mit einschließen und ausnahmslos alle zur Erlösung führen. Tatsächlich wurde dieser Hôzôbiku aufgrund seiner asketischen Praxis zu Amida-Buddha und erschuf gemäß seines Schwurs das phantastische Buddhaland: das *Reine Land.* Es ist die Glaubensvorstellung der Buddhisten des Reinen Landes, dass jeder Mensch, der in dieser korrupten, verworfenen Welt an den Schwur des Amida-Buddha glaubt und von ganzem Herzen und in der Bitte um die Aufnahme ins *Reine Land* den Namen des Amida-Buddha anruft, in diesem *Reinen Land* wieder-geboren und dort erlöst werde.

Wenn man diese Lehre vom *Reinen Land* einmal betrachtet, so scheint sie sich komplett von dem System des Zen zu unterscheiden, in dem wir selbst in der eigenen Praxis des Zazen ein *Satori* erfahren. Viel eher scheint sie dagegen noch den Erlösungsideen im Christentum zu ähneln. Dabei ist der Amida der *Reinen-Land*-Lehre nichts als ein anderes Wort für das allumfassende Selbst, das sich hier in einem Buddha personifiziert hat. Denn natürlich hat Amida niemals als geschichtlicher Mensch gelebt und die Sanskrit-Worte *Amitâbha* und *Amitâyus* bedeuten so viel wie *Unermessliches Licht* oder *Unermessliches Alter/Leben*, und damit eigentlich *das mit allem verbundene Sein.*

Geht man der eben dargestellten Lehre vom Reinen Land einmal auf den Grund, ergibt sich Folgendes: Für gewöhnlich sind wir vollkommen in die Gedanken unseres kleinen abgegrenzten Ichs verstrickt. Wenn wir an den Schwur Amidas glauben und Amida-Buddha vollkommen vertrauen, sind wir, was das grundlegende (das mit allem verbundene) Sein angeht, bereits durch seinen Schwur erlöst. Und wenn wir uns dann dem so genannten *Nembutsu (*der Rezitation von *Namu Amida*

Butsu) hingeben, so entspricht die Haltung dabei fast vollständig der unseres Zazen.

Der Schwur Amidas beschreibt nämlich eigentlich, dass wir bereits in unserer grundlegenden Wirklichkeit aus dem mit allem verbundenen Sein heraus leben. Dass wir aber gewissermaßen zu diesem Wissen erweckt werden müssen, wird (im Zuge einer Dogmatisierung) im Buddhismus eben als eine Erlösung aller Wesen durch das Gelöbnis des Buddha beschrieben. Es ist also klar, dass hier, obwohl wir von dem Schwur des Amida hören, selbstverständlich nicht wirklich von einem Amida-Buddha genannten, außerhalb des Selbst existierenden Wesen die Rede ist.

Ich hoffe es ist klar geworden, dass hinter dem Buddhismus im Grunde genommen nur eine einzige immergleiche Lebenshaltung steht, egal ob wir nun *Nembutsu* oder Zazen praktizieren. Und umgekehrt formuliert, dass der Buddhismus als Religion überhaupt eine einzige grundlegende Lebenshaltung lehrt.

Unser kleines Ich wird also vom unermesslichen Amida umfangen. Ob wir nun daran denken oder nicht, ob wir es glauben wollen oder nicht, wir werden unabhängig und jenseits von den Gedanken unseres kleinen Ichs vom unermesslichen Amida umfangen gehalten und sind durch ihn erlöst. Das macht uns dankbar: *Namu Amida Butsu.* Wenn wir dies mit unserem Mund rezitieren, so ist es ein Dankbarkeits-*Nembutsu,* wenn wir es in der Haltung unseres Körpers praktizieren, so ist es glaubendes Zazen oder ein Zazen der Praxis der Realität des Seins. Das heißt also, dass die Amida-Buddhisten mit der Rezitation des *Namu Amida Butsu* gewissermaßen mit dem Mund Zazen üben, während wir bei unserem Zazen sozusagen mit der Haltung unseres Körpers *Nembutsu* praktizieren.

Im oben beschriebenen Sinne sollen wir glaubend in Zazen sitzen und *das Selbst das Selbst Selbst sein lassen* oder *das Sein das Sein Sein sein lassen* oder *den Buddha den Buddha*

Buddha sein lassen. Auf keinen Fall aber wird sich unserem Ich aufgrund unseres Zazen allmählich eine Erleuchtung oder die Buddhaschaft eröffnen. Denn solange wir von unserem abgegrenzten Ich sprechen, sind wir nichts als ein stinknormaler Mensch, während demgegenüber Zazen grundsätzlich schon Buddhaschaft ist. Deswegen tauchen wir bereits in die Haltung der Buddhaschaft ein, wenn wir mit dem Körper des gewöhnlichen Menschen im Zazen die Haltung des Buddha einnehmen.

Dôgen Zenji, der 1223 nach China kam, blieb, nachdem er zahlreiche Meister aufgesucht hatte, schließlich bei Tendô Nyojô Zenji (Tiandong Rujing, 1163–1228) als seinem Hauptlehrer. Als grundlegende Lehre dieses Meisters zeichnete er später das so genannte *Hôkyôki* (Edler Schatz der Freude) auf, wohl weil diese Jahre für ihn ein edler Schatz der Freude gewesen sind. In dieser Schrift heißt es sinngemäß: Wer sich Zazen bedingungslos unterwirft und wirklich im Zazen angekommen ist, fällt auf seinen Körper und Geist zurück: *Shinshin-datsuraku.* Mit *Shinshin datsuraku* ist wirkliches Zazen-Üben gemeint. Es ist aber nicht so, dass man versuchsweise Zazen übt und dann nach und nach das Zurückfallen auf seinen Körper und Geist erlebt. Zazen selbst, die konkrete Praxis des Sitzens im Glauben an Zazen, *ist* das Zurückfallen auf den eigenen Körper und Geist. „*Satori ist das Begreifen, dass die Praxis Satori ist"*, und dass man nicht durch die Praxis erst nach und nach zu einem *Satori* gelangt.

4.3. Erwacht leben

Aus der bisher beschriebenen Haltung des Zazen kann man natürlich auch eine Lebenseinstellung, eine Alltagshaltung des Zen-Adepten ableiten.

Der Buddhismus ist kurz gesagt die Lehre des Buddha (des erwachten Menschen) und lehrt, mit Hilfe des beschriebenen Zazen erwacht zu leben. Mit den Gedanken unseres individuellen Selbst verlieren wir das mit allem verbundene Sein aus den Augen und leben deshalb blind für die Vollkommenheit, verstrickt in unsere kleine Individualität. Für den Zazen-Praktizierenden, der aufgrund des Loslassens seiner Gedanken im Sitzen für das allumfassende Selbst erwacht ist, muss also die Lebenshaltung des *Erwacht-Lebens* bedeuten, in seinem Alltag, ja in seiner ganzen Lebensweise aus diesem allumfassenden Selbst heraus zu leben.

Was heißt es aber konkret, für das allumfassende Selbst erwacht zu sein und aus diesem heraus zu leben?

Dôgen Zenji hat seinen Schülern eine konkrete Arbeitsweise in der Schrift *Eihei Shingi* („Reine Vorschriften für den Ewigen Frieden") eingehend beschrieben. Für die Schüler Dôgens war diese Schrift damals so etwas wie ein praktisches Handbuch, das sie jederzeit in ihrer Umhängetasche mit sich führten. Wer immer sich damals in einem Kloster aufhielt, öffnete diese Schrift und verrichtete sein Tagewerk gemäß den Angaben dieses Werkes. Es enthält ganz konkrete Anweisungen für die Praxis einer Lebensweise des Zen, ich halte es darum für eine absolut beispiellose religiöse Schrift.

Späterhin wurde es allerdings nur noch von Mönchen angenommen, die in Dôgens Schülertradition standen – es kam im Laufe der Jahrhunderte sozusagen aus der Mode. Da ich dies extrem bedauerlich fand, habe ich in dem bereits als *Zen für Küche und Leben*[*] erschienenen Buch versucht, in die

---

[*] Reprint erschienen im *Angkor Verlag* (2007).

Aktualität dieses Werkes einzuführen. Ich wünsche mir, dass Zazen eines Tages von Menschen überall auf der Welt eben nicht einfach nur als Meditation und Klarsicht, sondern als konkrete Praxis des alltäglichen Lebens, als eine permanente Charakterhaltung bis in alle Tiefe verstanden und gelebt wird.

Auf jeden Fall soll sich für den Zen-Adepten aus der Übung des Zazen eine Charakterhaltung für das ganze Leben ergeben, die zu einem Leitfaden der Praxis des alltäglichen Lebens wird. Da ich in diesem Buch bisher nur über die Praxis und Methode des Zazen gesprochen und diese kognitiv abgehandelt habe, will ich deshalb im Folgenden den *drei Herzen* (großes Herz, altes oder „mütterliches" Herz, freudiges Herz) aus den Küchenanweisungen des *Eihei Shingi* folgen und mich dem ganz pragmatischen Sinn der Dinge zuwenden.

Wie bereits klar geworden ist, hilft uns der Versuch des Loslassens der Gedanken in der Praxis des Zazen die Erfahrung der Realität des Seins zu machen, wobei diese Realität des Seins das allumfassende Selbst (das mit allem Seienden verbundene Selbst) ist. Für dieses allumfassende Selbst, zu dem wir durch Zazen erwachen, ergibt sich notwendig eine Haltung, nach der wir nur mehr das Leben dieses Selbst leben, soweit wir es überblicken, wobei es so etwas wie Andere für uns nicht mehr gibt – deshalb leben wir dann, wie wir uns auch drehen und wenden, ausschließlich das Leben des *Nur-Selbst*.

Dies hört sich vielleicht vordergründig erstmal völlig unmöglich an. Natürlich könnte es gerade im Zen denkbar sein, das *Nur-Selbst* aufzubauschen, weil wir jede Arbeit und jeden Kontakt abbrechen und nur mehr alleine in Zazen sitzen, aber eigentlich ist dies im alltäglichen Leben doch nicht möglich, weil wir ständig gewahren müssen, dass neben uns ein Mitmensch und um uns herum die Welt existiert.

Es ist nun aber keineswegs so, dass wir durch das Ignorieren des Anderen neben uns zu einem *Nur-Selbst* gelangen. Unsere

Realität ist vielmehr, dass jeder von uns nicht nur während des Zazen das auf sich geworfene Selbst ist, sondern jederzeit – wie während des Zazen – die Realität des Seins, das *Nur-Selbst,* lebt.

Für gewöhnlich glauben wir ja, dass wir Menschen miteinander in einer gemeinsamen Welt leben und in dieser gemeinsamen Welt aufeinander treffen. Nun lernen wir aber im Loslassen der Gedanken während des Zazen, in der puren Erfahrung der Realität des Seins, dass dies keineswegs so ist. Wenn wir etwa beide ein Glas betrachten, würden wir normalerweise davon ausgehen, dass Sie und ich dasselbe Glas sehen. Auf der Ebene der Erfahrung der puren Realität des Seins trifft dies jedoch nicht zu. Da ich es nämlich aus meinem Winkel und mit meiner Sehkraft, Sie es aber aus Ihrem Winkel mit Ihrer Sehkraft betrachten, können wir niemals unser wirkliches Erleben austauschen oder gegenseitig kennen.

Dies bezieht sich natürlich nicht nur auf das, was wir sehen, sondern genauso aufs Hören, Riechen, Schmecken, Ertasten, also auf alle Eindrücke unserer Sinneswahrnehmung. Somit lebe ich eigentlich mit meiner Lebenserfahrung völlig in meiner eigenen abgeschlossenen Welt, genau wie Sie in Ihrer leben. Nimmt man weiter die Gedanken von zehn verschiedenen Leuten, so werden diese sich genauso unterscheiden wie ihre Gesichter. Selbst die Anhänger der gleichen Philosophie, des gleichen „Ismus“, bei denen es scheint, als ob sie die gleichen programmatischen Worte verwenden und die gleiche formelle Denkweise an den Tag legen, unterscheiden sich in der letztendlichen Realität ihrer jeweiligen Gedanken. Wenn dies dann jemals aufbricht und offenkundig wird, kommt es immer wieder zu Spaltungen unter ehemaligen Kameraden. Gerade wenn dies geschieht, sind die Beteiligten ganz lebendig – geschähe es nie, so wären sie tote, standardisierte Gegenstände.

Jedenfalls ist es ein großer Irrtum, wenn wir glauben, dass

wir Menschen alle in derselben Welt leben und deshalb auch die gleichen Gedanken hätten. Selbst zu Zeiten, wo wir etwa die gleichen Worte gebrauchen und uns gut zu verstehen scheinen, geschieht dieses Verstehen doch ausschließlich in einem reduziert-abstrakten Sinne, während wir doch auf der Ebene der Lebenserfahrung in ganz verschiedenen Welten, den Welten unseres jeweiligen Nur-Selbst leben.

So sagen wir häufig „ich kenne dich" oder Ähnliches, wobei wir uns nie die Frage stellen, in welchem Maße das zutrifft, obwohl wir doch eigentlich immer nur die Seite kennen, die sich uns darstellt. Wenn ich mich also frage, wer Du für mich bist, so gibt es Dich nur als Inhalt meines Selbst.

So gesehen ist also die Lebenserfahrung des Nur-Selbst durch das Loslassen der Gedanken nicht auf die Zeit des Zazen beschränkt. Sie ist auch in unserem normalen Alltag nichts Besonderes, sondern etwas ganz Schlichtes und Konkretes. Für gewöhnlich haben wir nur die Realität dieser puren Lebens-erfahrung aus den Augen verloren, weil wir zu sehr vom Umgang mit Anderen verwöhnt sind, die wir in den Gedanken unseres Ichs willkürlich vor uns gruppieren.

Das einfachste konkrete Beispiel hierfür ist die Denkhaltung, die die Leute dem Geld gegenüber einnehmen. Obwohl der Wert des Geldes aufgrund eines gegenseitigen Einverständ-nisses weitgehend nur im Kopf der Leute besteht, halten sie es in seiner praktischen Verwendbarkeit im Handel mit Anderen für etwas substantiell Reales und verlieren demgegenüber die Realität des Seins ihres Selbst total aus den Augen.

Wenn wir uns nun während des Zazen daran gewöhnen, wieder zu erkennen, das wir die pure Realität des Seins leben, so wird uns klar, dass einfach jeder, gleich welchen Bekenntnisses, aus dem Nur-Selbst heraus lebt. Hier wird deutlich, dass das, was in den Küchenanweisungen des *Eihei Shingi* als *Daishin* (großer Geist) bezeichnet wird, ein Geist ist, der die Gedanken des eigenen kleinen Ichs losgelassen hat, der die Gedanken nicht mehr bewertet, was letztendlich bedeutet, dass alles, was vor mir ist, alle Dinge, Menschen und Welten, sich als Inhalt des Selbst, als Landschaft des Lebens oder als Zustand der Gegenwart offenbart. Genauso bildet die Gesamtheit des Kommens und Gehens der Gedanken im Zazen eine Landschaft.

Selbiges kann man auch über die Zeit sagen. Normalerweise gehen wir davon aus, dass die Zeit von der Vergangenheit durch die Gegenwart in die Zukunft läuft und wir innerhalb dieser Zeit existieren. Wenn wir dies allerdings von der Realität der puren Lebenserfahrung aus betrachten, merken wir, dass dies keineswegs den Tatsachen entspricht. Die Vergangenheit existiert nicht, weil sie bereits vergangen ist, und die Zukunft ist nicht existent, weil sie noch nicht da ist. Das einzige, was existiert, ist dieser gegenwärtige Augenblick, und sowohl Vergangenheit als auch Zukunft bestehen nur als flüchtiger Gedankeninhalt, als Zustand oder Landschaft dieses Augenblicks.

Sie werden einwenden, dass das nicht stimmt, dass doch alte Gebäude und Schriften etc. jetzt real vorhanden seien ...

Vom Standpunkt der Realität der puren Lebenserfahrung aus bestehen diese Gebäude oder Schriften jedoch gewissermaßen nur im jetzigen Augenblick und das Attribut *alt* ist dabei nur mehr ein Gedanke, der heute in unserem Kopf besteht. Das heißt also, dass nur unser Kopf das in der Gegenwart existierende Gebäude oder Buch hier und jetzt als *alt* deklariert. So gesehen leben wir also auf der Ebene der puren Lebenserfahrung immer im *Nur-Jetzt,* in der *Nur-Gegenwart.*

Was kann es dann aber heißen, aus dem allumfassenden Selbst heraus zu leben und zu arbeiten?

Hier soll noch einmal ganz klar werden: Wie man sich auch dreht und wendet, lebt und arbeit man immer als *Nur-Selbst im Nur-Jetzt!* Von dieser Lebenserfahrung aus sind sowohl die Mitmenschen vor unseren Augen als auch die Vergangenheit und Zukunft nicht existent und es existiert nichts anders als nur die pure Realität des Seins.

4.4. Allumfassend leben

Zazen erweckt uns zur Realität des Seins, zu einer Lebenshaltung des Nur-Selbst und des Nur-Jetzt: Auf was wir auch immer treffen, es ist stets unser Selbst.

Aber schafft uns dies ein entspanntes, ruhiges Leben?

Für gewöhnlich leben wir ängstlich und verunsichert, weil wir ständig Dinge miteinander vergleichen, um das jeweils Bessere herauszufinden. Denn sobald wir annehmen, dass es etwas Besseres gibt, entsteht damit selbstverständlich auch ein Schlechteres und wir werden von der Sorge heimgesucht, bloß nicht das *Schlechtere* zum Zuge kommen zu lassen.

Wenn wir nun in der ständigen Unterscheidung von Besserem und Schlechteren leben, kann natürlich nie die unumstößliche Sicherheit entstehen, dass alles gut sein wird, egal wohin wir uns wenden. Diese Haltung gleicht der eines Prüflings, der keine Sicherheit haben kann, weil er unbedingt bestehen will.

Wenn wir nun aber aus dem allumfassenden Selbst heraus dieses Denken an das jeweils Bessere oder Schlechtere loslassen und zunächst die Lebenshaltung eines: *„Egal wie ich mich auch drehe und wende, lebe ich doch stets aus meinem Nur-Selbst"* festigen, entsteht dabei ein fast vollständig entspanntes Leben.

Verkürzt gesagt ist im Buddhismus von Paradies und Höllen die Rede, im Christentum von Himmel und Hölle, im Alltag von Glück und Unglück, von Erfolg und Misserfolg. Und für uns ist es dabei völlig selbstverständlich, dass Paradies, Himmel, Glück und Erfolg gut sind, während dagegen Hölle(n) Unglück und Misserfolg schlecht sind. Diese Klassifizierung und Unterscheidung entstammt aber ausschließlich unserem von der Realität des Seins völlig entfremdeten Kopf. Wir machen wegen dieser Unterscheidung ein Riesentrara, weil wir das Bessere suchen, um das Schlechtere zu vermeiden, und wir verlieren gerade damit jegliches Gefühl von Sicherheit. Wenn wir beispielsweise in die Hölle oder in einen Misserfolg gestürzt sind und versuchen davonzurennen, weil wir glauben, es nicht aushalten zu können, werden die Teufel der Hölle gerade darum auf uns aufmerksam und beginnen, wie eine Katze mit der Maus ihr Spiel mit uns zu treiben, da wir krampfhaft versuchen, zum Paradies oder Glück zu gelangen. Und je wilder wir versuchen davonzurennen, desto mehr machen uns die Teufel zu ihrem Spielzeug.

Hier ist in Bezug auf die Realität des Selbst wichtig, dass wir Hölle, Unglück oder Misserfolg keineswegs durch die Wertung unseres Kopfes als *schlecht* loszuwerden vermögen, genauso wenig wie uns die Wertung von Himmel, Glück und Erfolg als *gut* diesen irgendwie näher brächte. Wichtig ist dagegen, dass wir aus der gegenwärtigen Begegnung mit der Realität des Seins heraus eine aufrechte, gradlinige Lebenshaltung haben. Wenn wir also in die Hölle stürzen sollten, so ist eben die Hölle unser aktuelles Sein und wir werden die Hölle aufrecht und gradlinig durchleben. Gehen wir dagegen ins Paradies, so ist eben das Paradies unser aktuelles Sein und wir werden das Paradies ebenso aufrecht und gradlinig durchleben.

An dem Punkt, wo die Lebenshaltung eines „*Das Selbst ist, wenn das Selbst die Realität des Seins lebt*" feststeht, hören zwar Paradies und Höllen, Glück und Unglück nicht auf zu sein, aber es wird klar, dass sie alle nur mehr die Landschaft unseres Lebens ausmachen. Im Sein unseres Selbst entwickeln sich die unterschiedlichsten Landschaften. Trotzdem ist letztlich, egal wie wir uns drehen und wenden, ausschließlich das Nur-Selbst wirklich Tatsache und absolute Realität.

Ist damit nun also das allumfassende Selbst, das Nur-Selbst, völlig richtungslos, weil – egal wie es sich dreht oder wendet – ohnehin alles gut ist?

Nein, ganz gewiss nicht. Denn auch wenn wir jetzt von einem Nur-Selbst ausgehen, ist dieses keineswegs völlig konturlos. Wie gerade erwähnt entwickelt das Selbst als Realität des Seins den vielseitigen Inhalt unseres Lebens, die Landschaft des Selbst, den Zustand der Gegenwart. Genauso ist auch das Nur-Jetzt nicht konturlos, sondern ist als Landschaft sowohl durch die Vergangenheit als auch durch die Zukunft unverkennbar und charakteristisch.

Normalerweise sehen die Menschen dies dagegen nicht als eine Landschaft, die sich aus dem Selbst entwickelt hat, sondern klassifizieren es gemäß ihrer Gedanken, sehen vor sich einen Anderen und denken sich in einer Zeit, die von der Vergangenheit in die Zukunft fließt. So sind sie im Verhältnis zu Anderen in die Schatten der Vergangenheit und in die Ziele der Zukunft verstrickt, sind von den Gedanken des kleinen individuellen Ichs gefesselt oder hin- und hergetrieben.

Wie soll man nun aber im jetzigen Augenblick sein, wenn dies alles für das allumfassende Selbst doch als die Landschaft, als der Zustand des Hier und Jetzt anzusehen ist?

Im Leben aus dem Selbst können wir der Zukunft entgegengehen und es können Handlungen aus einem Bewusstsein entstehen, das die Vergangenheit als unsere reiche persönliche Erfahrung erlebt.

Wenn der Mensch des allumfassenden Selbst nur erwacht lebt, geht er unweigerlich in die Richtung des *Alles lebt*. Denn alles was uns begegnet ist unser Leben, und in dem Geist, der die Existenz des Selbst wichtig nimmt, ist das Ziel, alles was uns begegnet – seien es nun Gegenstände, Geschehnisse, Menschen oder Welten – als das *Alles umfassende Sein* leben zu lassen. Das ist genau das, was in den Unterweisungen für die Zen-Küche des *Eihei Shingi* mit *Rôshin* (elterliche Gesinnung) gemeint ist. Weil ich lebe, indem ich Dich leben lasse, lebt alles, in dem ich lebe. Dies liegt daran, dass Du und ich und alles untrennbar miteinander verbunden sind.

In Japan sind im Winter alle Pflanzen verwelkt, aber wenn der Frühling kommt, blühen in Wiese und Feld unzählige Blumen. Die unterschiedlichsten Blumen blühen alle aus dem Sein des Frühlings heraus, oder anders formuliert: Wenn das Sein des Frühlings aufkommt, blühen Veilchen, Löwenzahn und Lotos.

Genau so blüht die Blume des allumfassenden Seins, wenn die Blume meines Seins zum Blühen kommt, weil ich mich bemühe, auch die Blumen der mir begegnenden Gegenstände, Geschehnisse, Menschen oder Welten blühen zu lassen. Die Blume des allumfassenden Seins blüht ebenso, wenn die Blume *Ihres* Seins zum Blühen kommt, weil *Sie* sich bemühen, auch die Blumen der Ihnen begegnenden Gegenstände, Geschehnisse, Menschen oder Welten blühen zu lassen.

Demgegenüber gibt es eine Haltung, die das allumfassende Sein vernichtet und dazu führt, dass sogar die Blumen unseres individuellen Selbst nicht mehr blühen – wenn wir nämlich diese Welt zu einem Schauplatz des Überlebenskampfes machen und uns selber darin nur mehr als einen Spielball der Aufs und Abs sehen, wenn wir an das darwinistische Prinzip glauben, uns permanent gegenseitig vergleichen, uns gegenseitig bekämpfen und niedermachen und von Sieg und Niederlage sprechen, wobei schließlich die Sieger korrupt werden und die Verlierer einen Minderwertigkeitskomplex davontragen. Hier kann die Blume des allumfassenden Seins nicht erblühen.

Ich habe bis hierher vom *Blühen des Seins* gesprochen, doch eigentlich haben wir gar kein Ziel des *Blühenlassens*, das wir dann verwirklichten. Für das Selbst ist ein Ziel das Andere, das außerhalb des Selbst ist, und wenn wir uns diesem Anderen als Objekt zuwenden, kommt uns das *Nur-Selbst* abhanden. Das *Nur-Selbst* reicht zwar überall hin, aber dieses Selbst ist das

Sein bzw. die allumfassende Kraft des Seins. Die Entfaltung dieser allumfassenden Lebenskraft gelingt dabei keinesfalls in der Hinwendung an ein Ziel, sondern nur in Richtung des Seins selber. Es gibt für das allumfassende Sein des Selbst also keine festgeschriebene Ziele, sondern ausschließlich die Richtung der Entfaltung der Lebenskraft. Wenn wir uns beim Zazen oder bei der buddhistischen Praxis irgendein Ziel (z. B. *Satori*) vorschreiben, entfernen wir uns vom wahren Zazen und wahrer buddhistischer Praxis. Deswegen praktizieren und entfalten wir ausschließlich das Sein des allumfassenden Selbst. So hat die Richtung dieses Weges eigentlich kein Ziel, sondern die Lebenskraft, das Leben an sich bestimmt seine Richtung. Deshalb möchte ich betonen, dass auch die Haltung unserer Praxis keinem Ziel zugewandt ist, sondern ausschließlich eine Haltung zur Entfaltung der Lebenskraft sein sollte.

Da die Realität des Seins von Augenblick zu Augenblick besteht, muss das Selbst sich in Richtung der Geschehnisse des Hier und Jetzt und der Entfaltung des mit allem verbundenen Seins im Selbst orientieren, wenn hier von der Entfaltung der Lebenskraft die Rede ist. Egal, wie man sich dreht oder wendet, wird dann das Leben des Nur-Selbst als die wahre Quintessenz unseres Seins erkennbar. Dies ist, was im *Tenzo Kyôkun* als *Kishin* (freudiger Geist) – als der Geist, der in der Essenz des Seins lebt – bezeichnet wird.

Die folgenden Worte von Dôgen Zenji eignen sich hervorragend, um das oben Gesagte abzuschließen: „*Es gibt einen Weg, den die Buddhas der drei Welten, die* Satori *bereits erlangt haben, schon gegangen sind: Was uns mit den Buddhas verbindet, ist die Notwendigkeit eines freudigen Geistes. Für eine Weile sollen wir den Geist der Übung der Buddhas annehmen. Die Praxis der Buddhas lässt sich in allen Welten und von allen Wesen gleichermaßen üben.*" (Shôbôgenzô)

5. Antworten auf einige Fragen

Bis hierher habe ich die zahlreichen Aspekte der Praxis des Zazen dargestellt. Im Folgenden werde ich noch einige der häufig an mich herangetragenen Fragen beantworten.

Frage 1: *Zwar habe ich von Ihnen eine ausführliche Einführung in die Praxis des Zazen erhalten, finde es aber ungeheuer schwierig, während des Zazen zu sitzen, ohne dies alles völlig zu vergessen. Wie soll man damit umgehen?*

Antwort: Das ist eigentlich nicht möglich. Wie ich immer wiederholt habe, ist die Gestalt des Zazen nichts als ein ganz reales Sitzen, das ausschließlich mit unseren Knochen und Muskeln erzielt werden kann. Im *Shôbôgenzô Zuimonki* gibt es dazu folgende Textstelle: *„Den Weg zu erreichen bedeutet, ihn mit dem Geist und mit dem Körper zu erreichen. Auch die Religionen betonen die Einheit von Körper und Geist. Wenn man also sagt, dass man etwas mit dem Körper erreicht, so spricht man damit bereits über die Gesamtheit. Wenn dem so ist, muss man den Körper richtig halten ..."* Was ich hier besonders herausstellen möchte ist, dass richtiges Zazen über unsere Knochen und Muskeln erreicht wird, eben das *„mit dem Körper erreichen"*. Somit ist der Vorgang, dass ich Zazen oder das *Leben des Selbst als Wirklichkeit des Seins* lang und breit erklärt habe, nur mehr ein vorläufiges verbales Abhandeln von etwas, das ohne Worte und Intellekt ist. Fragt man nun, nachdem man es zunächst mit dem Intellekt genügend begriffen hat, was Zazen demzufolge sei, dann ist es wichtig, sich komplett von Worten und dem Intellekt zu entfernen und ausschließlich die Haltung des Zazen in der Übung mit den eigenen Knochen und Muskeln zu praktizieren.

Frage 2: *Ist nicht auch unsere Geisteshaltung des Zazen-Übens, also der Praxis, voller Begierde?*

Antwort: So ist es. Die meisten Menschen beginnen mit Zazen oder spiritueller Praxis, um sich selbst irgendwie voranzubringen, und dies ist eine Fortsetzung des Begehrens. Das Ziel, sich selbst voranbringen zu wollen, ist deshalb Begierde, weil wir von unserem gegenwärtigen Ich aus weg zu einem außerhalb und in der Zukunft liegenden Ich hinwollen. Und weil die Begierde bei der Verfolgung dieses Ziels zu unserem Lebenszweck wird, entfernen wir uns beträchtlich von der Lebenswirklichkeit unseres wahren Selbst. Dies sagt auch Dôgen Zenji (*Shôbôgenzô*, „Genjô-Kôan"): „Die Leute, die sich um das Dharma bemühen, entfernen sich unweigerlich vom Umfeld des Dharma."

Demgegenüber kann man es nicht Begierde nennen, wenn man weiß, dass eine Erhöhung des wirklichen Selbst nicht auf ein außerhalb oder in der Zukunft liegendes Ziel aus ist, sondern nur bedeutet, hier und jetzt die Realität des Seins des Selbst zu verwirklichen. Denn eine solche Haltung richtet sich nicht auf ein außen stehendes Ziel, sondern ist eine Seins-Verwirklichung des Nur-Selbst.

Wie aber soll man diese Kraft dann nennen?

Dies ist nicht Begierde, sondern Lebenskraft.

Das ist so ähnlich wie beim Körper einer Pflanze oder eines Tieres, der von alleine wieder heilt, nachdem er verletzt wurde. Oder wie bei den Gräsern am Straßenrand, die vom Stein niedergedrückt wurden und nun am Rand des Steines wieder hervorwachsen. Kann man etwa diese Heilkraft oder diese Hindernisse überwindende Wachstumskraft Begierde nennen? Doch wohl nicht. Es handelt sich um Lebenskraft. Die Kraft, mit der wir jetzt Zazen praktizieren, ist die gleiche. Es ist eine Kraft, die sich keinen Zielen verschreibt, sondern die Realität des Seins des Selbst zur Entfaltung und Verwirklichung bringt.

Frage 3: *Sie haben gesagt, dass es selbstverständlich ist, wenn uns beim Zazen Gedanken durch den Kopf gehen, da wir kein Stein sind. Wenn ich Zazen übe, ist es aber so, dass besonders wilde Begierden und Phantasien in mir auftauchen. Was soll ich tun?*

Antwort: Es tauchen nicht etwa mehr wilde Begierden und Phantasien als gewöhnlich auf, weil wir Zazen üben. Normalerweise leben wir ganz und gar inmitten von Phantasien und Begierden, aber gerade weil wir so sehr durch ihre Fülle paralysiert sind, erkennen wir ihr Auftauchen nicht mehr. Demgegenüber kommt es uns beim Zazen nun so vor, als hätten wir viel mehr Phantasien und Begierden, weil wir einmal ruhig werden und darum die Gestalt unserer zahlreichen Phantasien und Begierden deutlich wie in einem Relief erkennen.

Aber wie schon wiederholt gesagt bemüht sich unser Zazen nicht darum, diese Begierden und Phantasien auszulöschen. Denn auch wenn Begierden und Phantasien auftauchen, ist dies ein Ausdruck unserer Lebenskraft, und es kann darum nicht gut sein, diese auslöschen zu wollen. Andererseits muss man sagen, dass es unserem Leben sehr wohl Schaden zufügt, wenn wir von unseren Begierden und Phantasien gebeutelt werden. Wenn wir jetzt Zazen üben, werden im Loslassen der Gedanken auch unsere wilden Begierden und Phantasien – noch während sie da sind – wieder verfließen. Dies ist, was man Zazen des Überschreitens von Satori und Illusion, des Überschreitens des Normalen und des Heiligen, nennt.

Frage 4: *Ist Zazen eine Religion?*

Antwort: Je nachdem, wie man Religion definiert, kann man Zen als Religion bezeichnen oder auch nicht.

Wenn man heute von Religion spricht, sind in den meisten Fällen jedoch die Schulen und Sekten gemeint, und Zazen ist, egal in welchem Bedeutungsfeld, keine Sekte oder Schule. Weiter wurde in der Vergangenheit unter Religion oft ein Verhältnis verstanden, in dem Menschen die Worte einer ihnen übergeordneten Autorität (eines Gottes oder der göttlichen Weisungen, die ein Stellvertreter Gottes, etwa ein Schamane, entgegengenommen hatte) annahmen und diesen Worten bedingungslos folgten. Auch in diesem Sinne ist Zen wohl nicht als Religion zu bezeichnen.

Der Zen-Buddhismus erkennt keinerlei Autorität außerhalb des Selbst an. Dies ist die Tradition Shakyamunis. Und auch die letzten Weisungen Shakyamunis an seine Schüler lauteten: „Nehmt Zuflucht zu euch selbst, zu eurem Gesetz. Nehmt zu niemand anderem Zuflucht!" Und als in der Stunde seines Todes sein ihn allein begleitender Lieblingsschüler all die anderen zusammenrufen wollte, verbot er es ihm mit den Worten: „Ich gebe der Menge keine Anleitungen". Auf diese Weise lebte er nur mehr sein eigenes Sein und widersetzte sich schließlich der Gefahr, zum Glaubensgegenstand seiner Schüler und Anhänger zu werden. Diese grundlegende Charakterhaltung ist im *Chô-agon-kyô* („Sammlung der längeren Lehrreden", *Digha Nikaya)* und im *Yuigyo-kyô* („Sterberede Buddhas") sehr bewegend beschrieben. Ich empfehle deshalb jedem Interessierten unbedingt, diese grundlegenden Schriften zu lesen, um die Haltung Shakyamunis zu erlernen.

Der Zen-Buddhismus folgt dieser Charakterhaltung Shakyamunis, ausschließlich das Leben des Selbst zu leben. Somit realisiert der Zen-Buddhismus innerhalb des Selbst die distinguierteste Charakterhaltung. Wenn man nun sagen würde, dass Religion eine Lehre von der Entwicklung der distinguiertesten Charakterhaltung sei, wäre gerade der Buddhismus gewiss die reinste Religion. Allerdings ist aber das Selbst nicht als ein *Selbst* im Gegensatz zu *den Anderen* zu sehen. Und somit ist auch *das Leben des Selbst leben* nicht als eine Trunkenheit vom Selbst ohne Andere gemeint. Es ist vielmehr eine Lebenshaltung, in der man in sich selbst das mit allem verbundene Sein entdeckt und danach trachtet, alles, was einem begegnet, als Teil des eigenen Seins zu erkennen und zu verwirklichen.

Diese Lebenshaltung wird allgemein Großherzigkeit und Mitgefühl genannt. Man kann wohl niemanden einen Zazen-Adepten nennen, der zwar die Realität des Seins des Selbst verwirklicht haben will, aber dieses Mitgefühl für Andere nicht in sich entdeckt hat. Biblische Ideen wie „im Herzen Gottes", oder „Ob man isst oder trinkt, was immer man tut, man soll Gottes Glanz zeigen" oder auch „Durch Gottes Liebe zu uns erkennen wir, was Liebe ist und zeigen unsere Liebe zu Gott in unserer Liebe zum Nächsten", die die grundlegende Lebenshaltung der Christen darstellen, sind wohl ebenso grundlegend in einer buddhistischen Lebenshaltung.

Frage 5: *Sie sagen, dass man im Zazen alle Gedanken loslassen muss. Dabei ist es doch wohl keineswegs so, dass man für die wesentlichsten Dinge des Menschseins, wie etwa Mitgefühl, Liebe, Gerechtigkeit und Frieden, bloß dasitzen und die Gedanken loslassen muss, oder?*

Antwort: Falls man diese Dinge in Gedanken erwägt und in Gedanken erfasst, verwandelt sich alles in etwas ganz Anderes. So sind etwa Gerechtigkeit und Frieden im Denken der Demokraten und Gerechtigkeit und Frieden im Denken der

Kommunisten bereits als gedachte Gerechtigkeit und Frieden sehr unterschiedlich, darüber entstehen dann Meinungsverschiedenheiten und sogar Krieg und Blutvergießen.

Nur an dem Punkt, an dem man alle Gedanken des Ichs loslässt und lediglich die Realität des Seins verwirklicht, gibt es keine Meinungsverschiedenheiten, und in der Verbundenheit mit der Realität des nicht-dualen Selbst sind Mitgefühl, Liebe, Frieden und Gerechtigkeit möglich. Wir verwirklichen eine Lebenshaltung von realem Mitgefühl, Liebe, Frieden und Gerechtigkeit, jenseits von Gedanken und Worten, ausschließlich in der Verwirklichung der Realität des wahren Seins.

Frage 6: *Muss man Zazen über eine bestimmte Zeitdauer hin üben? Gibt es eine Mindestzeit, die man üben muss?*

Antwort: Es gibt für Zazen keine festgesetzten Zeitspannen. Man sagt seit alters: *Wer einen Augenblick sitzt, ist ein Ein-Augenblick-Buddha.* Ob man nun ein einziges Mal Zazen übt, an einem *Sesshin* teilnimmt oder ein Leben jahrzehntelanger Zenpraxis führt, es ändert nichts daran, dass man immer die Realität des Seins des Selbst lebt. Man kann keineswegs sagen, dass man nach einer langen Zeit *bestanden* habe, nach einer kurzen aber *durchgefallen* wäre. Dies liegt daran, dass Zazen die Länge oder Kürze von Zeit oder den Gegensatz von Bestehen und Durchfallen überschreitet. Aber nur weil man sagt, Zazen transzendiere die Länge oder Kürze von Zeit, ist es keine legitime Haltung des Zazen, berechnend zu behaupten, dass man bereits nach kürzester Zeit problemlos sein Zazen beenden könne. Im Gegenteil sollte die Haltung eines Zen-Adepten eher sein: „Weil Zazen die Kürze oder Länge der Zeit überschreitet, sollte man möglichst viel Zazen üben", oder: „Weil Zazen bedeutet, die Realität des Seins des Selbst zu leben, übe man sein Leben lang".

Auch wenn bei uns in Antai-ji lange und viel Zazen geübt wird, geschieht dies doch keinesfalls, um anderen etwas zu beweisen oder irgendwelche Verdienste anzuhäufen. Wir üben es einfach in dem Bewusstsein, dass Zazen in keinem Verhältnis zur Länge oder Kürze der Zeit steht. Es geht hingegen nicht an zu sagen, ein Anfänger solle mit nur dreißig Minuten oder einer Stunde beginnen, da Zazen ohnehin in keinem Verhältnis zur Länge oder Kürze der Zeit stehe. Denn wenn er dann begreift, was Zazen ist, wird er womöglich große Angst vor lang andauerndem Sitzen bekommen. Wenn man dagegen von Anfang an gleich voll und ganz einsteigt, entwickelt man keine Furcht vor Zazen. Deshalb halte ich es für besser, wenn man von Anfang an über möglichst lange Phasen übt. Ein Amerikaner, der einmal nach Antai-ji kam, hatte zuvor etwa ein Jahr lang in einem anderen Tempel eine Stunde Zazen pro Woche geübt und schickte sich gerade an, einen Aufsatz über Zazen zu schreiben. Als er jedoch nach Antai-ji kam und dort angehalten war, jeden Tag Zazen zu üben und jeden Monat an *Sesshin* teilzunehmen, sagte er lachend, er werde sich gerade bewusst, dass er noch nicht einmal für sich selbst einen Artikel über Zazen schreiben könne. Na ja, an diesem Punkt übertrieb er vielleicht etwas.

Frage 7: *Ich habe wohl begriffen, wie wichtig Zazen in Zukunft für Menschen in aller Welt sein wird, aber wie ist es mit denjenigen, die zwar gerne Zazen praktizieren möchten, ihre Beine jedoch nicht oder nur unter Schmerzen verschränken können und deshalb nicht lange Zeit zu üben vermögen?*

Antwort: Der grundlegende und entscheidende Punkt am Zazen ist, dass wir das von der Wechselbeziehung zu anderen abhängige Ich aufgeben und dagegen *das Selbst das Selbst das Selbst sein lassen.* Bei unseren *Sesshin* in Antai-ji sind neben den japanischen Teilnehmern und den fünf oder sechs Ausländern, die fast unschlagbar gut sitzen können, auch immer eine Reihe Ausländer anwesend, die die Beine nicht für sehr lange verschränken können. Diese sollen, wenn sie während des *Sesshin* den Schmerz gar nicht mehr ertragen können, ihre Beine umlegen, dabei jedoch darauf achten, dass sie ihre Nachbarn nicht stören. Sie halten zwar in diesem Fall nicht die Form des Zazen ein, aber wenn sie den Eifer für die fünf Tage eines zusammenhängenden *Sesshin* aufbringen, so führen sie in dieser Zeit zumindest kein Leben des Umgangs mit anderen, der gesellschaftlichen Verpflichtungen und der Arbeit. Wenigstens sind sie dann von all jenem abgeschnitten und fast ohne jedes Sprechen ganz für sich.

Allerdings werden in dieser Haltung, also wenn man etwa die Beine umlegt oder den Rücken rundet, verschiedenste Gedanken durch den Kopf ziehen und aus diesen Gedanken wird nur zu leicht ein Nachdenken entstehen. Weil wir uns dann mit den Phantasien unseres Kopfes unterhalten und es, auch wenn wir uns noch so bemühen, nicht gelingen kann, *das Selbst das Selbst das Selbst sein zu lassen,* ist es unbedingt wichtig, uns wieder um die Richtigstellung der Form, der Haltung des Zazen, zu bemühen. Ich denke, es ist auch für Ausländer gut, wenn sie sich immer wieder um die rechte Form des Zazen bemühen, weil gerade diese, wenn man die Gedanken loslässt, die allerbeste Haltung ist, um *das Selbst das Selbst das Selbst sein zu lassen*. Und wenn man sich stetig um diese bemüht, so werden sich unterdessen auch die Beine daran gewöhnen und man wird es leicht ertragen können, über lange Zeit Zazen zu üben.

Wichtig ist, dass Zazen nicht etwas ist, das man durch äußeren Zwang, sondern aus der Entdeckung der eigenen Lebenskraft des Selbst heraus macht, so dass man übt, wenn man selbst merkt, dass es Zeit dafür ist.

Bis heute waren die Menschen auf Erden materiell sehr arm, und die meisten hatten so ums Überleben zu kämpfen, dass sie sowohl zeitlich wie geistig kaum den Raum hatten, ihr aufs Höchste verfeinertes Selbst verwirklichen zu wollen. Da künftig die Zahl der wohlhabenden Menschen überall zunehmen wird, hoffe ich, dass diese das Leben ihres Selbst zu verfeinern trachten und damit gleichzeitig auch das Leben der Menschheit auf Erden – auf dass ihr Leben nicht nur das Leben von luxuriösen Tieren sei, sondern sich zu wirklichen Werten erhebe und die Zahl derer, die sich der Lebenskraft ihres Selbst bewusst werden, zunehme. Zazen wird dabei sicher nicht über Lautsprecher verbreitet, sondern vielmehr von einzelnen Zen-Praktizierenden an Freunde weitergegeben und sich so ganz still ausbreiten. Ich glaube, dass es so irgendwann auf jeden Fall zu einer die Menschheit in aller Welt weisenden Kraft werden wird.

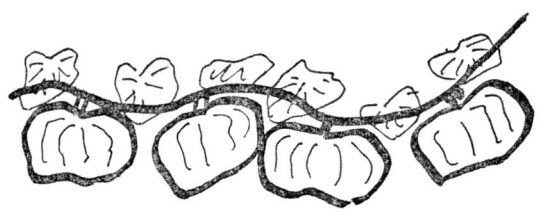

6. Das Leben als Zen-Bettler

Der berühmte japanische Zen-Mönch Ryôkan lebte vom *Takuhatsu*[*] und schrieb darüber in seinen Gedichten. Stell dir einen warmen Frühlingstag vor, die Blumen in voller Blüte, die Vögel singen aus vollem Hals und hier und da flattert ein wunderschöner Schmetterling. So muss sicherlich die Umgebung bei Ryôkans Wanderungen durch Bauerndörfer, von einem Gutshaus zum nächsten, ausgesehen haben. Kinder liefen vergnügt herbei, ihren vertrauten Spielkameraden zu grüßen. Ryôkan, der immer glücklich war, die Kinder zu sehen, setzte dann seine Schale ab und spielte mit ihnen. Der arme Ryôkan – der Tag ging schnell zu Ende, während er ins Spiel mit den Kindern versunken war, ohne zu merken, dass die Spatzen all seinen Reis aufaßen. Der tiefe schallende Laut einer nahen Tempelglocke kündigte das Ende des Tages an. Das Licht des frühen Abendmondes schien hell, nachdem die Kinder alle nach Hause gegangen waren. Ryôkan fühlte einen merkwürdigen Stich der Einsamkeit und ging in Richtung seiner Grashütte. Plötzlich drehte er sich um und lief zurück ins Dorf, wo er sich vage erinnerte, seine Schale zurückgelassen zu haben. Wenn ich mir nur Ryôkan vorstelle, wie er ganz nervös ins Dorf zurückkehrt, um die Schale zu holen, bringt mich das zum Lächeln.

Natürlich wäre es mir lieb gewesen, wenn mein *Takuhatsu* auch so idyllisch und einfach gewesen wäre. Leider ähnelte in Wirklichkeit mein Leben des *Takuhatsu* dem Ryôkans ganz und gar nicht. In der Tat war es das komplette Gegenteil der idyllischen einfachen *Takuhatsu*-Lebensweise. Geht man hinaus zum *Takuhatsu* mit der Einstellung: „Wenn die Leute etwas in meine Schüssel tun, ist das gut, und wenn nicht, auch in Ordnung", dann kann man sagen, dass *Takuhatsu* ideal und

---

[*] Wörtlich: bitten *(taku)* mit der Essschale *(Hatsu)*, der traditionelle religiöse Bittgang der Zen-Mönche.

ohne Komplikationen sei. Jedoch war ich dazu nicht in der Lage. Es war mir damit todernst und ich konnte diese Gefühle nicht verbergen. Solange ich hinausging, wollte ich auch eine gewisse Summe Geld nach Hause bringen – ich musste ein Soll erfüllen. Ja nicht nur das, ich meinte, es so effizient wie möglich tun zu müssen, denn ich musste möglichst schnell wieder im Tempel sein. Das macht meine Geschichte noch erbärmlicher.

Dass ich gleich wieder zurückkehren wollte, lag nicht daran, dass ich mich ausruhen wollte, sondern an der ganzen anderen Arbeit neben dem *Takuhatsu*, die meinen Bettelgang desto wichtiger machte. Da ich wusste, wie viel Arbeit im Tempel auf mich wartete, konnte ich mein Tun nie als irgendwie „geistig erhebend" empfinden. Doch jeder in der Welt fühlte sich verfolgt und als würde er von der Hand in den Mund leben. Ich rede nicht von meinem jetzigen Leben. Die Zeit, die ich meine, begann im Sommer 1949, als ich das erste Mal in Kioto ankam, und dauerte bis in den Frühling 1962, das heißt von meinem siebenunddreißigsten bis zu meinem fünfzigsten Lebensjahr. Vielleicht kann ich nur, weil da eine gewisse Zeitspanne zwischen diesen Tagen und meinem jetzigen Leben liegt, über die Süße und Bitternis von *Takuhatsu* sprechen.

Die Lebensweise des Takuhatsu

Sobald man den Weg der Armut beschreitet, scheint es keine Grenze zu geben, wie tief man sinken kann. Ich war durch das Leben, das ich während des Krieges geführt hatte, bevor ich mich in Antai-ji niederließ, darauf vorbereitet. 1949, als ich in Kioto mit *Takuhatsu* begann, waren das Gefühl und die Armut der Kriegsjahre noch nicht abgeklungen. In dieser wirtschaftlich schwierigen Situation sank die Anzahl an Mitpraktizierenden stark. Schließlich waren nur noch zwei von uns in Antai-ji übrig, der Blattflötenkünstler Yokoyama Sodô und ich. Außerdem war Antai-ji während des Krieges so verfallen, dass Sodô auf *Takuhatsu* gehen musste, um Geld für die Restauration des heruntergekommenen Tempels aufzutreiben, während ich zum *Takuhatsu* herumlief, um uns mit Essen zu versorgen und um die *Sesshin*-Ausgaben zu decken.

Ich ging nicht nur auf *Takuhatsu*, ich kümmerte mich auch um den Gemüsegarten und düngte ihn, schlug Holz zum Kochen und heizte das Bad, außerdem legte ich einen Vorrat an Pökel an, rupfte Unkraut, hütete das Anwesen, putzte den Tempel und so weiter. Ich bereitete drei Mahlzeiten am Tag zu, und wenn ich nicht zum *Takuhatsu* gehen musste, wusch ich die Wäsche.

Darum konnte ich nicht wie Ryôkan unbekümmert *Takuhatsu* machen und mich daran erfreuen, auf dem Weg mit Kindern zu spielen. Weit davon entfernt: Ich musste meinen Geist darauf richten, *Takuhatsu* und die Tempelpflichten unter einen Hut zu bekommen. Um ein wenig Zeit für Zazen und das Studium des Buddhismus zu haben, musste ich herausfinden, wie ich überall ein paar Stunden abzwacken konnte. Sorglos mit auch nur einem Stück Feuerholz umzugehen hieß, noch mehr Zeit mit Holzhacken verbringen zu müssen. Wenn ich ein Licht unnötigerweise anließ, bedeutete dies, dass ich zum *Takuhatsu* gehen musste, um dafür zu bezahlen. Es war absolut entscheidend für unser bescheidenes Leben, unnötige Ausgaben zu kürzen.

Unser Leben war immer an der Grenze. Wann immer Sawaki Roshi zum Antai-ji zurückkam, um *Sesshin* zu leiten, wollte ich als kleinen Leckerbissen Lotuswurzeln auf seinem Tablett bereit halten. Ich ging zum Markt, um sie zu besorgen, und hatte nicht die paar Yen, die der Gemüsehändler verlangte. Hier war also ein vierzigjähriger Erwachsener, der sagen musste: „Oh mein Gott, wenn es so viel kostet, nehme ich etwas anderes!" Wir waren wirklich in bemitleidenswertem Zustand. Hätte ich mich auch um Frau und Familie kümmern müssen, wäre ich völlig zusammengebrochen. Glücklicherweise war ich damals Single. Unnötig zu sagen, dass ich mir nie neue Kleidung kaufen konnte, auch keine Roben. Von der Zeit an, als der Krieg begann, also 1941, konnte ich mir nie neue Kleidung kaufen, und alles, was ich hatte, war zerschlissen. Sogar der Bezug meines Futons war ganz zerfetzt. Ins Bett zu gehen hieß, mich mit der Baumwollfüllung im Futon zu bedecken. Wurde ich für einige Tage krank und musste mich ausruhen, schien der ganze Raum durchflutet von Staubbällen aus Baumwolle.

Alte Zeitungen dienten als Toilettenpapier. Unsere Waschlappen sahen wie eine Art Geflecht aus, da ich sie weit über den Punkt hinaus benutzte, an dem sie Waschlappen ähnelten. Obwohl sie nur zehn oder fünfzehn Yen kosteten, konnte ich mir keine neuen leisten.

Ich hatte eine schlechte Angewohnheit, die ich einfach nicht aufgeben konnte – das Rauchen. Ich sammelte halb-gerauchte Zigaretten, die Gäste zurückgelassen hatten, und rauchte den Tabak in langen, schilfrohrartigen Pfeifen – ziemlich ekelhaft, gebe ich zu.

In jenen Tagen sah Antai-ji grauenvoll aus. Die Tatami in meinem Zimmer waren komplett zerfetzt, Stroh schaute hier und da heraus. Und die Bodenbalken, die die Tatami stützten, waren weich wie Kissen. Zwei Mal bin ich einfach durch den Boden gefallen. Ich nahm dann ein paar Obstkisten, die herumlagen, und stützte damit die Balken. Das normalerweise aus weißem Papier bestehende *Shoji,* ein Paravent, sah aus wie eine Patchworkdecke mit Papier über den Löchern. Aber was konnte ich schon machen? Ich hatte weder Zeit noch Geld für richtige Reparaturen.

Antai-ji war damals ein wahrhaft düsterer und trostloser Ort. Deswegen musste ich meine ganze Energie ins *Takuhatsu* stecken. Obwohl man denken mag, es sei nichts als Herumlaufen und „Ho!"-Rufen, riskiert man doch sein Leben, wenn man auf *Takuhatsu* geht. Ein kleiner Fehler in der Einschätzung, und man findet sich ausgestreckt auf der Straße wieder, von einem Auto getroffen und Ein-Yen-Stücke überall verstreut.

Zudem ist die emotionale Belastung unglaublich. Wenn ein kräftiger Mann einfach herumläuft und um Geld bettelt, schauen die Leute ihn mit Verachtung an. Diese Blicke zu ertragen ist viel schwieriger als irgendeinen dummen Job auszuüben. Und letzten Endes ist der erhaltene Betrag kaum ein Hungerlohn. Dazu kommt, dass ein Mönch auf *Takuhatsu* der allerletzte ist, der von guten Zeiten materiell profitiert, aber der erste, der schlechte wirtschaftliche Zeiten zu spüren bekommt. Mitte der 50er Jahre dachten die meisten Leute, der Krieg läge komplett hinter ihnen, aber für Menschen wie uns galt das nicht.

An späten Herbsttagen stapften Sodô und ich gelegentlich zurück zum Tempel, sobald die Sonne unterging, und sahen eine Gottesanbeterin, wie sie sich am *Shôji* auf der Westseite des Gebäudes festhielt. Die Gottesanbeterin, gelblich braun gefärbt, sah wie ein verwelktes Blatt aus. Sie wärmte sich an den letzten Strahlen des Tages. Die Gottesanbeterin legt ihre letzten Eier im späten September, und von da an bis Mitte November scheint sie auf der Suche nach einem warmen Plätzchen zu sein und sitzt dort trotz kalter Winde und Regengüsse, als wartete sie auf ihr Ende.

Ich bekam immer einen Kloß im Hals, wenn ich im späten Herbst auf eine Gottesanbeterin traf. Aller weltlichen Verbindungen entledigt, lebte sie ihr ganzes Leben auf sich gestellt, ein- und ausatmend und an der Wand klebend, unbeweglich auf den Tod wartend: Irgendwie war das Bild dieser Gottesanbeterin in einem baufälligen Tempel Ende des Herbstes wie ein Bild unserer selbst. Auch Sodô muss davon tief berührt gewesen sein, denn er schuf die folgenden Verse:

Die Gottesanbeterin des Herbstes klebt
am weißen Papier, mit dem ich den Shoji *bespann.*
Woher kam sie, und wohin geht sie?

Solch traurige und einsame Gedanken kamen und gingen in unseren Herzen, aber es stimmt nicht wirklich, wenn ich den Plural „in unseren Herzen" benutze. Jeder von uns musste mit seinem eigenen Leben zurechtkommen, in seinem eigenen Herzen. Sodô lebte sein Leben, und ich das meine. Wir waren Seite an Seite in Antai-ji, und gleichzeitig waren wir beide vollständig allein. Solche Gedanken hatten wir beide. Sie waren ein Teil der Szenerie von Sodôs Leben des *Shikantaza*[*], genauso wie von meinem Leben.

Gerade weil *Takuhatsu* Teil unseres gesamten Lebens war, welches um Zazen kreiste, vertrauten wir unser Leben völlig der Bettelschale an. Wäre da kein Zazen gewesen und nur das Betteln, hätte ich bloß ein bemitleidenswertes Leben in Armut geführt.

Kiotos andere Bettler

Viele der größeren Rinzai-Übungs-Klöster in Japan, wie Daitoku-ji, Myoshin-ji und Nanzen-ji sind in Kioto gelegen. Die Mönche gehen auf *Takuhatsu* durch die Straßen der Stadt, alle tragen Taschen um den Nacken, auf deren Vorderseite deutlich der Name des Klosters zu lesen ist. Gelegentlich, wenn ich vor einem Geschäft stehen blieb, kam eine Frau heraus und fragte höflich: „Oh, Sie sind vom Myoshin-ji?" „Nein", antwortete ich dann, „ich komme vom Antai-ji".

---

[*] Praxis des „Nur-Sitzens", der Meditation, bei der man die Gedanken einfach vorüberziehen lässt und sich auf nichts Spezielles konzentriert.

Plötzlich verschwand das helle, freundliche Lächeln von ihrem Gesicht und mit skeptischem Blick musterte sie mich und legte flink eine Ein-Yen-Münze in meine Schale – statt der Zehn-Yen-Münze, die sie mir vorher hatte geben wollen. In Zeiten wie diesen fühlte ich mich richtig elend. Vom Antai-ji aus auf *Takuhatsu* zu gehen, war nicht, als würde man eine berühmte Marke oder einen guten Namen verkaufen. Man behandelte mich eher wie einen gewöhnlichen Bettler als wie einen religiösen Bettelmönch.

Was man auf *Takuhatsu* kaum ertragen kann, sind all die anderen Bettler. Die Nutznießer des Bettelns sind zuallererst Mönche und Nonnen eines Tempels mit „Markennamen". Dann die, die auffallende spitze Hüte und einen Stab mit Metallringen am Knauf tragen, die beim Gehen klingen, und die Nichiren-Mönche, die ihre Trommeln schlagen. Ferner sind da solche, die *Goeika,* buddhistische Hymnen singen, und die Bettler der Zen-Fuke-Sekte, die die traditionelle Bambusflöte, die *Shakuhachi* spielen und jene großen Strohhüte tragen, die Kopf und Gesicht völlig verbergen. Außerdem gibt es noch die *Yamabushi,* die herumziehenden Bergeinsiedler, und zu guter letzt den gewöhnlichen Wald-und-Wiesen-Bettler. Einmal sagte mir ein Ladenbesitzer, im Schnitt würden fünf Gruppen von Bettlern pro Tag bei ihm vorbeischauen. Ist natürlich klar, dass dann die ersten, die da sind, am meisten Spenden bekommen. Der erste Bettler erhält vielleicht zwanzig Yen, der zweite fünf Yen und der letzte vielleicht noch einen Yen oder auch nur ein „Hau ab!". Dies ist eben ein verständliches menschliches Verhalten.

Einmal ging ich zum Betteln nach Yamashina. Mit meinem letzten Geld kaufte ich eine Zugfahrkarte. Am Zielort angekommen, zog ich zunächst durch Seitenstraßen, um mir die besten fürs Ende aufzuheben. Als ich dann schließlich in die Pflaumenallee einbog – siehe da! – kam mir doch ein *Shakuhachi* spielender Bettler entgegen. Er hatte ganz offensichtlich gerade fette Beute gemacht. Ich fühlte mich miserabel. Um mir noch Salz in die Wunde zu streuen, sagte er in äußerster Gelassenheit zu mir: „Entschuldige bitte, dass ich zuerst hier war", und setzte seinen Weg fort. Innerlich schrie ich: „Du Ratte, ich hab mir diese Straße doch extra bis zum Schluss aufgehoben." Doch als ich in sein stolz grinsendes Gesicht blickte, kam mir die Situation plötzlich so absurd komisch vor, dass ich mir ein Lächeln abzwang und mich ebenfalls verneigte. Man kann das wohl als ungeschriebene Etikette unter Bettlern ansehen.

Die Takuhatsu-Neurose

Ich hatte schon einige Erfahrung mit *Takuhatsu,* bevor ich nach Antai-ji kam, als ich noch in Tempeln auf dem Land lebte. Wir zogen damals nur ein-, zweimal im Monat gemeinsam los wie zu einem Ausflug, und es war auch nicht so, dass unser Leben davon abhing.

In Kioto war das ganz anders für mich. Antai-ji hatte überhaupt kein anderes Einkommen, und es belastete mich, allein mit dem Wissen loszuziehen, dass ich einen gewissen Betrag erhalten musste und dieser dennoch nicht der Rede wert war. Ich musste an jedem Tag, an dem es nicht regnete, hinaus, so dass schon bald alle in der Stadt mein Gesicht zu kennen schienen. So begrüßten mich Ladenbesitzer schon mal mit einem „O Mann, da kommt er schon wieder"-Gesicht. Und ich zeigte mein „Hallo, hier bin ich wieder"-Antlitz. Nach einer Weile fühlte ich mich nicht nur deprimiert, sondern ganz eingeschüchtert.

Bevor ich zu meinem Tageswerk loszog, malte ich mir im Geiste die Straßen aus, die ich abklapperte, und konnte mir genau den Tabakhändler am Eck und den Frisör nebenan, den

Süßwaren- und den Werkzeugladen sowie den Fischhändler vorstellen. Ich sah, wie jeder mir das „O Mann, da kommt er schon wieder"-Gesicht zeigte, und fühlte mich ganz schwermütig und bedrückt. Wenn ich die Straße erreicht hätte, würde ich sofort ohne nachzudenken loslaufen und beginnen „Namu Kanzeon Bosatsu, Namu Kanzeon Bosatsu" – „Ich nehme Zuflucht zu Bodhisattva Avalokiteshvara" – zu murmeln.

Als ich tatsächlich die Straße erreichte, sah sie so aus, wie ich sie mir vorgestellt hatte, und sofort spürte ich meine Depression. Vor dem ersten Haus intonierte ich mit der furchtsamsten Stimme den *Takuhatsu*-Gruß „Hoooo". Und gewiss kam dann die Frau des Hauses heraus, zeigte mir jenen angewiderten Gesichtsausdruck und platzte heraus: „Verschwinde hier, du versperrst den Weg!" Das Gleiche beim nächsten Haus, und meine Stimme wurde immer schwächlicher. Dann kam mal eine Frau heraus und legte so genervt einen Ein-Yen-Schein in meine Schale, als würde sie es nur aus Pflichtgefühl tun. Schließlich kauerte ich schon fast vor den Häusern und zog nach einem kurzen Blick auf die Besitzer schnell weiter, ohne zurückzublicken oder auch nur den *Takuhatsu*-Gruß entrichtet zu haben.

Da war ich also, ins Dilemma verstrickt, jeden Tag betteln gehen zu müssen, um Geld fürs Überleben zusammen-zubekommen, aber doch mit fast leerer Schale zurückkehrend, nachdem ich mir die Füße platt gelaufen hatte. So begann meine Neurose, die etwa ein Jahr anhielt (...)

Um diese Neurose zu überwinden, war es entscheidend, dass ich mir meine religiöse Mission als Bettelpriester im Hinblick auf die Gesellschaft klar machte. Selbst als ich deprimiert war und kaum etwas in meiner Schale landete, gaben mir die Bürger Kiotos doch irgendetwas, obwohl damals fast jeder nach der billigsten Möglichkeit suchte, zum Beispiel eine Aubergine zu kaufen, wenn er dabei auch nur einen Sen sparen konnte. Während meiner gesamten Übung wurde ich also von den Bürgern Kiotos unterstützt, und so fragte ich mich, warum sie einem Mönch auf *Takuhatsu* überhaupt etwas in die Schale legten.

Eines Tages war ich zur Mittagspause im Toji-Tempel. Da wir im Antai-ji Reisschleim zum Frühstück hatten, konnte ich aus den Resten schlecht ein Mittagessen machen, also kaufte ich mir unterwegs ein paar Brötchen. Ich aß dann häufig in einem Tempel oder Schrein oder auf einem Tempelfriedhof. Heutzutage sind die Anlagen des Toji-Tempels umzäunt und man muss Geld bezahlen, um hinein zu kommen. Damals war das noch nicht so, und man konnte dort gut seine Brötchen vertilgen. Dann kamen Tauben herbei, und ich brach etwas ab, um es mit ihnen zu teilen. Wenn ich ihnen dabei zusah, wie sie die paar Krümel vertilgten, die ich ihnen zuwarf, heiterte mich das auf. Irgendwann kaufte ich ein Extrabrötchen für die Tauben, wenn ich wusste, dass ich im Toji Rast machen würde. Als ich sie wieder einmal fütterte, dämmerte mir, dass auch ich eine der Tauben Kiotos war. Wenn die Tauben herbeikamen, hatten die Menschen, so sie nur etwas entbehren konnten, aus Sentimentalität das Bedürfnis, sie zu füttern. Auf die gleiche Weise dachten sie wohl, wenn wieder ein Mönch vor ihrem Haus stand, eine dieser Tauben zu füttern, öffneten die Tür und warfen ein, zwei Yen in die Schale, so wie sie Krümel vor die Vögel warfen. Ich erkannte, dass ich mich so gut benehmen und attraktiv erscheinen musste wie die Toji-Tauben.

Jede Welle zu ihrer Zeit

Es ist nur ein Traum wenn man denkt, nach einer tiefen Erleuchtungserfahrung ein Leben in endloser Freude verbringen zu können, aus dem alle Traurigkeit verschwunden wäre und alles, was wir sehen, zum Paradies würde. Führen wir ein authentisches Leben in wahrer Realität, wechseln sich Unruhe, Freude und Trauer ab. Es sollte darin einen tief sitzenden Ort geben, von dem aus wir uns allem stellen, was auf uns zukommt. Die wahre religiöse Unterweisung leugnet nicht unsere alltäglichen Zwangslagen, sie beschönigt nicht die Realität und täuscht keine Zufriedenheit vor. Wahre religiöse Unterweisung muss uns vielmehr zeigen, wie wir jede Welle zu ihrer Zeit durchschwimmen können – sei es eine Welle des Lachens, der Tränen, des Wohlstands oder der Not.

Den Buddha-Dharma zu studieren und zu praktizieren ist keine akademische Aktivität, die man erst in Angriff nehmen kann, nachdem man seinen Lebensunterhalt gesichert hat. Es ist auch keine Art Zazen, die man nur unter günstigen Bedingungen betreibt. Ich musste herausfinden, was wahre Religion ist, als ich einem streunenden Hund ähnelte, ständig von Alltagsängsten bedrängt wurde und jeden Abfall, den ich fand, aufheben musste.

So lange wir leben, wird es stets glückliche und unglückliche Ereignisse geben. Wir werden auch Zeiten des völligen Zusammenbruchs erleben. Bevor ich meine *Takuhatsu*-Neurose überwand, gab es viele Tage, an denen ein Mensch nach dem anderen mir sagte, ich solle verschwinden.

Wenn wir uns die Einstellung angewöhnen, dankbar zu sein, wie auch immer unser Leben verläuft, können wir die sich wandelnden feinen Abstufungen von Glück und Unglück, Freude und Bitterkeit im Laufe eines Tages erspüren. Betrachten wir die Menschheit aus der Sicht von Millionen von Jahren, dann ist das Tier, das wir *Homo sapiens* nennen, nur eine Existenzform, die plötzlich im Universum entstand und spurlos wieder verschwinden wird. Ein einzelner Tag im Leben dieser kleinen Menschenrasse ist nur eine winzige Freude oder ein Minütchen Bitterkeit. Ohne die Einstellung, dass alles, was uns geschieht, in Ordnung ist, werden wir neurotisch. Doch auch wenn alles, was passiert, okay ist, werden wir ohne eine geschäftüchtige Haltung in unserem Tun – selbst beim *Takuhatsu* – nur wie ein Narr enden. Den Mittelweg zwischen der Neurose und der Narretei zu nehmen ist das, worum es beim *Takuhatsu* geht.

Warum auf Takuhatsu gehen?

Die meisten Anekdoten, die ich übers *Takuhatsu* erzählt habe, klingen nicht besonders religiös, darum möchte ich nun etwas ernsthafter zeigen, warum das Betteln für einen Menschen, der ein wahrhaft religiöses Leben führen will, so wichtig sein kann.

Während all der Jahre, die ich auf *Takuhatsu* ging, war die entscheidende Frage: Warum betteln gehen? Wie ich schon sagte, ist *Takuhatsu* eine Art Spendensammeln. Für die Spende gibt es keine Gegenleistung in Form eines Geschenkes oder einer Ware. Man geht einfach herum und nimmt Wohltätigkeiten an. Hätte ich mich nicht selbst als Bettler angenommen, hätte ich darunter weiter gelitten. Oft dachte ich, als ich besonders neurotisch war, ich sollte etwas zum Tauschen haben, wie ein Hausierer. Dann überlegte ich, das Betteln aufzugeben und eine Teilzeitarbeit anzunehmen. Andererseits fielen mir dann all die wahrhaft religiösen, vom *Takuhatsu* lebenden Figuren im Buddhismus ein, angefangen bei Shakyamuni, und die Christen im Mittelalter, wie Franziskaner und Dominikaner, die ebenfalls betteln gingen. Mir schien, als gäbe es eine entscheidende Verbindung zwischen dem Betteln und der Religion, die ich vielleicht niemals verstände. Was könnte der wahre Sinn des Bettelns für einen Menschen sein, der ein religiöses Leben führen will? Zehn Jahre lang dachte ich darüber nach.

Dann las ich ein Buch über die Wissenschaftler, die die Atombombe entwickelt hatten, die Hiroshima und Nagasaki zerstörte. Inmitten des Horrors konnte sich niemand vorstellen, welcher Mensch ein so abscheuliches Ding erfunden haben könnte. Ich selbst glaubte, das müsse ein unmenschlicher Teufel mit Eis statt Blut in den Adern gewesen sein, der nie auch nur eine Träne vergossen hatte. Dann zeigte sich freilich, dass es sich um keine besonderen Wesen handelte; es waren einfach Nuklearwissenschaftler und herausragende Physiker. Wie konnten sie nun eine solch fürchterliche Waffe erfinden, die sogar noch heute die gesamte Menschheit auf diesem Planeten ausrotten könnte? Überall auf der Welt waren Wissenschaftler in ein Wettrennen eingetreten, um die ersten bei der Entwicklung der Bombe zu sein, und die US-Amerikaner hatten das Rennen gewonnen.

Die schrecklichen Folgen des Atombombenabwurfs auf Hiroshima und Nagasaki plagten das Gewissen dieser führenden Atomwissenschaftler. Sie wollten weitere Forschung auf diesem Gebiet unterbinden und baten deshalb darum, an ihre Universitäten zurückkehren zu dürfen. Das erlaubte ihnen zwar die US-Regierung, erließ aber zugleich eine Verordnung, die es den Universitäten verbot, diese Wissenschaftler wieder anzustellen. Und da die Unis Geld von der Regierung erhielten, mussten sie dem Folge leisten. Schließlich mussten die Wissenschaftler also in den Dienst der Regierung zurückkehren.

Wenn ich daran dachte, wurde mir die Schwäche der Menschen klar, sobald es ums Geld ging. Da erkannte ich, dass *Takuhatsu* für jeden Menschen wichtig ist, der ein Leben auf der Grundlage religiöser Lehren führen will, denn wenn man einmal Geld von einer bestimmten Person empfängt, fühlt man sich verpflichtet, sich vor dem Geld oder dem Spender zu verneigen.

Natürlich muss ich auf *Takuhatsu* meinen Kopf auch hundert oder tausend Mal senken. Doch verneige ich mich nie vor dem Geld und muss mich weder beklagen noch auf die Knie fallen. In all den Jahren in Antai-ji habe ich nie jemanden um Geld gebeten. In diesem Sinn stehe ich nur für mich selbst ein. Da Antai-ji aber ein Kloster ist, hat es alle Arten von Spenden erhalten. Doch egal wie groß oder klein der Betrag ist, ich habe nicht darum gebeten und er unterscheidet sich nicht von dem, was man mir in die Bettelschale legte, als ich auf *Takuhatsu* war. Aus diesem Grund ist es nicht nötig, sich vor dem Geld oder seinem Spender zu verbeugen oder zu verbiegen.

Ich habe stets versucht, mein Leben im Einklang mit religiösen Lehren zu führen, obwohl ich nicht das bin, was man orthodox nennen könnte. Das war nur möglich dank der Unterstützung, die ich auf *Takuhatsu* fand. Wenn ihr ein religiöses Leben führen wollt, müsst ihr lernen, euch niemals vor dem Geld zu verbeugen. Dazu ist es nötig, dass ihr euch niemals vor der Armut fürchtet.

Als ich die fünfzig überschritten hatte, fiel mir das *Takuhatsu* immer schwerer. Glücklicherweise endete mein Bettlerleben 1962 dank der Einnahmen durch meine Bücher, die ich über mein Hobby *Origami*[*] verfasst hatte. Dafür bin ich dankbar. Ich hatte keinen Lehrer, Meister oder Chef, vor dem ich mich deshalb verbeugen musste, und vor den Einnahmen selbst war es auch nicht nötig. So lange ihr also eure Bedürfnisse im Rahmen eures Einkommens haltet, sehe ich keinen Grund dafür, vor dem Mammon zu katzbuckeln. Wenn aber meine Einnahmen aus den *Origami*-Büchern einmal ausbleiben und ich mir nicht mal mehr das Lebensnotwendige leisten kann, dann werdet ihr mich wieder auf den Straßen sehen.

---

[*] Papierfalten.

Anhang I

Das Atmen beim Zazen

Dôgen Zenjis Anleitungen fürs Atmen im Zazen möchte ich ein wenig ausbauen. Zunächst will ich noch einmal aus dem Kommentar zum *Eihei Kôroku* zitieren: „*Das Zazen eines Mönches soll zunächst absolut korrektes Sitzen* (Tanshinshôza) *sein. Danach soll der Atem harmonisiert werden. Im Falle des Hînayâna gibt es im Wesentlichen zwei Zugänge. Diese werden das Zählen der Atemzüge* (Sûsoku) *und das Kontemplieren der Unreinheit und Vergänglichkeit* (Fujô) *genannt. Die Hînayâna-Buddhisten atmen anhand von Sûsoku. Dies weicht jedoch weit von den Anweisungen der Buddha-Ahnen ab. Nâgârjuna warnte im* Dai-chido-ron: *,Selbst wenn du den Geist eines bleichen, tollwütigen Fuchses erweckst, praktiziere nie jene Atemübungen.' Heute sind diese in den Schulen der* Shibunrisshû[*] *und der* Kushashû[**] *verbreitet.*"

Auch im Mahâyâna gibt es eine Methode, den Atem zu regulieren, die im Wissen besteht, dass dieser Atemzug lang und jener kurz ist. Der Atem erreicht das Tanden[***] *und steigt von dort auf, doch kann man nicht sagen, dass er irgendwo herkäme oder hinginge. Zwar unterscheidet sich Ein und Aus, findet aber doch um den Nabel herum statt.*"

Zunächst wird hier klar, dass Zazen für Dôgen *Nur-Zazen-Üben* bedeutet. Es ist ein Zazen ohne jede Absicht wie etwa: „Wenn ich Zazen übe, soll sich mir die Erleuchtung eröffnen" oder „Ich übe Zazen in der Absicht, die Wahre Natur sich festigen zu lassen" oder „Wenn ich Zazen übe, wird mein Kopf klar werden oder Durch Zazen will ich gesund bleiben". Dieses

---

[*] Schule, die das *Vinaya* (den „Korb der Ordensregeln" in der alten Pali-Form) studiert.

[**] Schule, die sich auf das Studium des *Abdhidharma* konzentriert (den dritten Teil des buddhistischen Pali-Kanons).

[***] Eine Stelle, die sich einige Zentimeter unterhalb des Bauchnabels befindet und ursprünglich im (mystischen) Taoismus als Zentrum der Energie angesehen wurde.

Nur-Zazen ist *Tanshinshôza*.

Im Mahâyâna ist die typische Atempraxis *Chôsoku* (Harmonisierung des Atems), wobei man sich stets bewusst ist, dass ein langer Atemzug lang, ein kurzer Atemzug kurz ist. Dies ist also eine Methode, bei der man die Realität der kurzen Atemzüge und die der langen Atemzüge beobachtet. Im Wesentlichen besteht die Form des Zazen darin, in der Lotusposition zu sitzen, den Scheitelpunkt gen Himmel und auch die Hüfte aufzurichten, den Bauch dabei über den gekreuzten Beinen entspannt ruhen und den Atem natürlich am Zwerchfell ein- und ausströmen zu lassen. Denn das Ein- und Ausatmen strömt – ob man nun besonders daran denkt oder nicht – immer über das Zwerchfell. Diese schlichte Realität wahrzunehmen bedeutet, die Vergänglichkeit wahrzunehmen, Moment für Moment am Herzen der Vergänglichkeit zu sein.

Jedoch hat Dôgens Lehrmeister Tendô Nyojô über das Atmen Folgendes gesagt: „*Der Atem kommt zweifelsohne ins Zwerchfell herein, aber es lässt sich nicht sagen, von wo aus er hereinkommt. Genauso zweifelsfrei tritt er vom Zwerchfell aus wieder heraus, aber es lässt sich wiederum nicht sagen, wohin er hinaustritt.*"

Über diesen Sachverhalt habe ich schon verschiedenen Orts geschrieben und gesprochen, aber im Frühjahr irgendeines Jahres war ich überrascht, als ich sah, dass die Tulpen in den von jungen Leuten angelegten Blumenbeeten im Garten rot, blau, gelb, weiß, schwarz und rosa, also in den frischesten und brillantesten Farben blühten. Als ich noch darüber nachdachte, woher um alles in der Welt diese herrlichen Farben kamen, wusste ich es plötzlich zum ersten Mal. Sie kamen nicht einfach nur aus dem Erdboden, sondern genauso aus der Luft, aus dem Licht, aus der Temperatur – kamen sie also nicht aus allem, was zwischen Himmel und Erde war?

Mit dem in unser Zwerchfell hineinkommenden Atem ist es genau so. Er kommt nicht von hierher oder dorther, sondern vielmehr aus der Gesamtheit von Himmel und Erde. Von diesem einströmenden Atem aus der Gesamtheit von Himmel und Erde lässt sich nicht mehr einfach sagen, er sei lang oder kurz. Genauso lässt sich nicht fragen, wohin unser aus dem Zwerchfell heraustretender Atem geht, sondern er strömt vielmehr als die Gesamtheit von Himmel und Erde spontan aus. Auch von diesem ausströmenden Atem als Gesamtheit von Himmel und Erde lässt sich nicht sagen, dass er lang oder kurz sei.

Anhang II

Wie man Kinhin *übt*

Was die Übungsweise des *Kinhin* angeht, so bewegt man, wenn die Glocke zweimal ertönt, noch in der Sitzhaltung des Zazen still seinen Oberkörper zwei, drei Mal nach links und rechts, steht dann aus dem Zazen auf, tritt hinter seinen Platz und dreht sich dann um neunzig Grad. (Dadurch stehen in einem *Dôjô* dann alle Übenden in einer Reihe hintereinander.) Sodann legt man zunächst den Daumen der linken Hand ins Innere der Handfläche, schließt diese zur Faust und lässt sie vor der Brust nach unten zeigen, um sie dann mit der geöffneten rechten Hand von oben zu bedecken. Dabei winkelt man den rechten und linken Ellenbogen so vom Körper ab, dass der linke und rechte Unterarm eine gerade Linie bilden. Dies wird *Isshu* genannt. In kerzengerader Körperhaltung blickt man mit gestrecktem Nacken etwa zwei Meter vor sich auf den Boden und beginnt still mit dem rechten Fuß das Gehen.

Obwohl wir hier von Gehen sprechen, ist es doch so, dass wir bei jedem Atemzug stets nur eine halbe Fußlänge vorwärts gehen. Dabei geben wir unsere Körperhaltung nicht auf, schauen weder auf und ab noch links und rechts, halten Schultern und Brust ruhig, als würden wir gleichzeitig stehen und gehen, aber leise, ohne zu schlurfen. Was die Richtung des Gehens anbelangt, so gehen wir genau geradeaus. Wenn wir abbiegen müssen, so tun wir dies immer mit einer exakten 90° Drehung nach rechts. Das Wort *Kinhin* leitet sich übrigens davon her, dass man geht, wie ein gerader Stofffaden verläuft. Während Zazen die von Buddha gelehrte Sitzmethode ist, ist *Kinhin* die Gehmethode des Buddha. Wichtig ist vor allem, die richtige Haltung zu beachten, klar und wach zu sein und Atem- und Schrittrhythmus einander anzupassen.

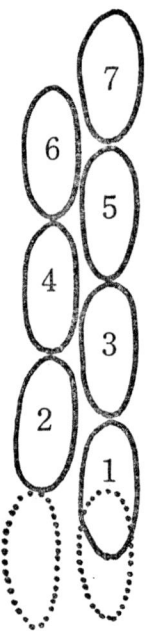

Derzeit wird während der *Sesshin* in Antai-ji nach fünfzigminütigem Zazen für zehn Minuten *Kinhin* geübt, wobei das Zeichen für das Ende des *Kinhin* ein einzelner Glockenschlag ist. Wenn dieser Glockenschlag ertönt, geht man normalen Schrittes und seinem Vordermann folgend eine Runde im *Dôjô,* bis man zum eigenen Platz zurückkehrt, wobei diejenigen, die zur Toilette gehen möchten, dies jetzt tun können, woraufhin wieder das Zazen beginnt. Zu Beginn des Zazen wird ein dreifaches Glockenzeichen gegeben, das *Shijô* genannt wird. Wenn man nun wieder an seinem Sitz ankommt, macht man *Gasshô* (Verbeugung mit aneinandergelegten Händen) vor dem eigenen Sitzkissen. Dies ist als Gruß gegen die Sitznachbarn zur linken und zur rechten gemeint. Sodann dreht man sich nach rechts und macht in Richtung hinter dem eigenen Sitzkissen ebenfalls wieder *Gasshô*, was auch den Übenden auf der jenseitigen Seite einen Gruß zukommen lassen soll. Sodann dreht man sich erneut nach rechts, setzt sich und beginnt mit dem Zazen. Wenn wir später vom Zazen aufstehen, vollziehen wir dasselbe *Gasshô*-Grußritual, welches diesmal unseren Dank für die Hilfe ausdrückt, die das Mitüben der anderen für uns bedeutet hat.

Obwohl es außerdem für den Fall, dass man in einem *Dôjô* übt, noch zahlreiche Regeln etwa für das Betreten und Verlassen der Halle oder das Ankommen am Ort des Zazen gibt, schließe ich meine Erklärungen an dieser Stelle, weil ich es für besser halte, diese ganz konkret und praktisch im jeweiligen *Dôjô* zu erlernen.

Anhang III

Die Herstellung eines Zafu

1. Zunächst faltet man ein 165 x 16 cm (bzw. 22 cm bei Personen mit längeren Beinen) großes Stück Stoff wie oben abgebildet und näht einen Reihenfaden an.
2. Auf beiden Seiten muss dabei ein Rand von 1 cm gelassen werden.
3. Als nächstes näht man zwei runde Stoffstücke (s.o.) gleichmäßig an.
4. Sodann entfernt man den unter 1. befestigten Reihenfaden
5. Schließlich stopft man die entstandene Hülle mit Kapok, bis sie voll und rund ist.

Da allerdings der Kapok bei der Benutzung hart und klumpig und damit flach wird, sollte man kräftig weiter und weiter stopfen. Schließlich sollte man das Kissen in seiner Höhe an die eigene Sitzgestalt anpassen.

Übrigens ist zu beachten, dass der Stoff für das Kissen keinesfalls glatt und rutschig sein sollte.

Uchiyama Kôshô Rôshi

1912 in Tokio geboren; graduierte dort 1935 in westlicher Philosophie an der kulturwissenschaftlichen Fakultät der Waseda-Universität; war später Lehrkraft einer öffentlichen Schule in Miyazaki. 1941 wurde er Mönch unter *Sawaki Kôdô Rôshi,* später folgte er diesem als Abt des Klosters Antai (Antai-ji). Uchiyama Kôshô Rôshi starb am 13. März 1998.

Kôdô Sawaki: *Tag für Tag ein guter Tag.* Was macht Glück aus, was ist das Ich, was ein Buddha? Sawaki klärt uns in zwei Vorträgen darüber auf und gibt eine Anleitung zum Zazen. Im Anhang befinden sich die Dôgen-Texte *Fukanzazengi, Zazengi* und *Gakudoyojinshu.* Übersetzt von Muhô, Kalligrafien von Kôdô. [15 €]

Kôdô Sawaki: *Zen ist die größte Lüge aller Zeiten.* Übersetzung von *Ikiru chikara toshite no zen,* das in Japan erst 2003 erschien und von Kushiya Shusoku zusammengestellt wurde. Kernige Weisheiten von Meister Kôdô – einem der bedeutendsten Zen-Lehrer des 20. Jahrhunderts – in 48 Kapiteln, ergänzt von einem ausführlichen Nachwort des Herausgebers und übersetzt von Muho, dem deutschen Abt des Antai-ji. 144 Seiten. [15 €]

Kôdo Sawaki/Kôshô Uchiyama: *Die Zen-Lehre des Landstreichers Kôdo.* Der deutsche Abt des Antai-ji, Muho, übersetzte acht weitere Kapitel für die Neuauflage dieses Buches. Es enthält kernige Weisheiten des bekannten Zen-Meisters Kôdo Sawaki und seines Schülers Kôshô Uchiyama. [15 €]

Kôshô Uchiyama: *Zen für Küche und Leben.* Vor mehr als siebenhundert-fünfzig Jahren schrieb Dôgen Zenji, der Gründer der Sôtô-Schule und wohl bedeutendste Zen-Meister Japans, sein „Tenzo Kyôkun", die Richtlinien für den Küchenchef eines Zen-Klosters. Meister Kôshô Uchiyama (1912-1998) interpretiert Dôgens Text für den modernen Leser. Reprint der vergriffenen Ausgabe des Aurum bzw. Kamphausen-Verlages. [15 €]

Dôgen Zenji: *Shôbôgenzô. Die Schatzkammer des Wahren Dharma. Band 3 und Band 4.* Klassiker der Zen-Literatur aus dem 13. Jh. Die ersten zwei Bände erschienen im Theseus Verlag und werden hier nahtlos fortgesetzt. [je 22 €]

Menzan Zuihô: *Das Leben des Zen-Bettlers Tôsui.* Tôsui Unkei (1612?-1683), von einigen als „Zen-Hippie" bezeichnet, lebte zeitweise unter Bettlern, war sich aber auch für keine schweißtreibende Arbeit zu schade. Die vorliegende Biografie wurde 1749 von Menzan Zuihô, einem der herausragenden buddhistischen Gelehrten seiner Zeit, verfasst und später zusammen mit zwanzig seiner Illustrationen veröffentlicht. – Reihe „Große Zen-Meister", Band 3. [9,90 €]

Takuan Sôhô: *Das Tor zur heiteren Gelassenheit. Zen und Kampfkunst.* Zen-Meister Takuan schrieb seine berühmte Unterweisung *Fudôchi Shinmyôroku* für den Schwertkampfmeister Yagyû Munenori. Dieser Band enthält außerdem mit den *Abenderzählungen* und dem *Anjin Hômon* zwei von Takuans wesentlichen buddhistischen Texten. [9,90 €]